정의로운 한국사

정의로운 한국사
우리 역사의 정의로움을 배우는 대전환 시대의 한국사 교과서

초판 1쇄 인쇄 2025년 5월 26일
초판 1쇄 발행 2025년 5월 31일

지은이 김은석
펴낸이 김승희
펴낸곳 도서출판 살림터

기획 정광일
편집 이희연·송승호·조현주
디자인 유나의숲

인쇄·제본 (주)신화프린팅
종이 (주)명동지류

주소 서울시 양천구 목동동로 293, 2215-1호
전화 02-3141-6553
팩스 02-3141-6555

출판등록 2008년 3월 18일 제313-1990-12호
이메일 gwang80@hanmail.net
블로그 http://blog.naver.com/dkffk1020
한국교육연구네트워크 https://www.kednetwork.or.kr

ISBN 979-11-5930-323-4(43910)

정의로운
한국사

| 김은석 지음 |

우리 역사의 정의로움을 배우는
대전환 시대의 한국사 교과서

살림터

역사는 정의와 불의의 투쟁이다

고려 초기 광종 때 이루어진 여러 업적을 '광종의 개혁'이라고 합니다. 광종은 노비안검법을 만들어서 억울하게 노비가 된 사람들을 해방시켜 주었습니다. 노비를 많이 소유하고 있던 호족들의 세력은 이 법으로 약화되었고, 왕권은 강화되었습니다. 이를 바탕으로 국가 재정을 튼튼히 하고, 과거제도로 능력에 따른 관리 등용을 했습니다. 그런데 성종에게 올린 시무 28조로 유명한 최승로는 일단 "광종의 8년 동안의 다스림은 가히 삼대(三代:중국의 태평성대로 여겨지는 夏.殷.周 3대)에 견줄 만하다"라고 광종에 대해 높게 평가하였습니다. 그러나 바로 다시 광종에 대해 혹평했는데, 노비안검법 등을 예로 들며 급진적이고 독재적이었다고 비판하였습니다. 결국 최승로는 호족들을 공격하였던 광종을 비판하며 기득권 세력을 대변하는 입장으로 양비론을 교묘히 이용한 것입니다.

고려 후기 공민왕 때 이루어진 여러 업적을 '공민왕의 반원 개혁정치'라고 합니다. 공민왕은 원나라의 내정간섭에서 벗어나기 위해 여러 가지 반원 정책을 펼쳤습니다. 또한 당시 지배층인 권문세족의 세력을 약화하기 위하여 권문세족들의 권력 기구인 정방을 폐지하고, 신돈을 등용하여 전민변정도감을 설치하여 억울하게 노비가 된 사람들을 해방하고, 억울하게 빼앗긴 땅을 되돌려 주었습니다. 고려 후기 권문세족들은 넓은 토지를 차지하고 거기에다가 농장을 경영하고 있었습니다. 이 과정에서 힘없는 평민들의 토지를 강제로 빼앗기도 하고 억울한 평민들을 노비로 만들기도 했습니다. 그 결과 농민들은 고향을 떠나 유랑하게 되는가 하면, 국가는 세금을 거둘 토지와 농민이 줄어들어 재정이 고갈되었습니다. 이때 공민왕의 개혁 정치에서 중요한 역할을 했던 사람이 신돈입니다.

그런데『고려사』편찬자들, 즉 조선을 건국한 혁명파 신진사대부들 또한 양비론으로 신돈을 비판하였습니다. "권세가들이 많이 빼앗은 땅과 백성들을 그 주인에게 돌려주므로 온 나라가 기뻐하였다 … 성인이 나왔다." 등의 표현으로 권문세족과 맞서 싸웠던 신돈을 긍정적으로 평가하기도 하였지만 "음탕한 승려였다 … 신돈이 왕이 자기를 꺼릴까 두려워하여 반역을 꾀하였다." 등의 표현으로 부정적인 평가를 하기도 하였습니다. 신진사대부들 역시 기득권 세력이었고, 그들이 정권을 잡게 되자 주류에 거역했던 역사의 인물인 신돈을 더욱 부정적으로 평가하기 위하여 양비론을 이용한 것입니다.

그렇다면 위에서 설명한 광종과 공민왕의 업적들을 역사에서는 왜 개혁이라고 평가할까요? 광종이나 공민왕이나 개혁의 목적은 왕권 강화였습니다. 하지만 방법은 분명히 합법적이었고, 기득권 세력의 불법적 행위를 징벌하는 개혁이었습니다. 그러나 그들이 개혁을 실행하며 했던 실수를 그들의 개혁적인 업적과는 별개로 하여 개혁의 대상이었던 수구 세력과 다를 바 없다고 매도한 양비론은 결국 수구 세력들의 반동으로 나타난 것입니다.

홍선대원군의 여러 개혁 중 기득권 세력의 가장 강력한 저항을 불러왔던 것이 바로 서원 철폐입니다. 서원은 오랫동안 붕당의 근거지, 지방 양반의 세력 기반이 되어 왔으며, 당시에는 지방 유생들의 소굴이 되어 백성들을 괴롭히고, 면세와 피역의 특권을 남용하였습니다. 대원군은 이러한 폐단을 없애기 위하여 서원 47개만을 남긴 채 600여 개의 서원을 철폐했습니다. 그러자 유생들은 궁궐 앞까지 몰려와 상소, 연좌시위를 통해 서원 철폐는 유교에 대한 탄압이라고 주장하며 강력한 저항을 벌여 나갔습니다. 하지만 흥선대원군은 강력하게 서원 철폐를 밀고 나갔습니다. 결국 흥선대원군이 물러날 때 유생들, 즉 기득권 세력들의 복수를 대신해 준 인물이 바로 최익현입니다. 최익현을 비롯한 유생 세력들은 위정척사 운동을 벌이며 서양 세력의 침투를 막으며 싸웠던 대원군을 적극적으로 지지했습니다. 그러나 이들은 대원군이 든 개혁의 칼끝이 자신들에게 계속 상처를 입히자 결국 대원군을 쫓아낼 것을 결심하고 실행하였던 것입니다. 경복궁 중건으로 인한 당백전 등 잘못된 정책으로 일어난 혼란으로 고통받던 민중 또한 대원군의 호포법, 사창제, 서원 철폐 등의 민생 안정 개혁은 다 잊어먹고, 자신들을 착취하던 기득권 세력들이나 경제 혼란으로 고통을 준 대원군이나 다 똑같다는 양비론에 빠져 버렸습니다.

시간이 흘러 1980년이 되었습니다. 그해 5월 광주에서 민간인 학살이란 폭력이 일어났습니다. 시민군이 총을 들고 진압군과 맞서 싸웠다는 것을 내세우며 양비론을 말하는 경우가 있습니다. 신군부의 학살에 저항하는 시민군의 정당방위를 폭력으로 매도하는 양비론은 잘못된 것입니다. 도둑놈이 들고 있는 칼과 도둑놈을 잡기 위해 들고 있는 야구 방망이를 똑같은 폭력이라고 할 수 없는 것과 마찬가지기 때문이죠. 이처럼 역사를 바라볼 때 양비론은 옳지 않습니다. 역사는 양비론을 말하며 남의 일인 것처럼 바라보는 구경거리가 아닙니다. 양비론 뒤에 숨어있는 개혁을 거부하는 세력들이 웃고 있기 때문입니다. 그들은 언제라도 역사를 되돌릴 준비가 되어 있기 때문입니다. 그래서 역사는 양비론으로 바라보지 않아야 하는 것입니다.

역사 발전은 인간의 자유와 평등을 확대하는 과정이라고 할 수 있습니다. 그래서 역사는 기득권을 지키려는 세력과 이에 맞서 좀 더 새로운 세상을 만들려는 세력들이 투쟁한 기록입니다. 그런데 세상을 바꾸려고 하는 개혁, 혁명 등을 양비론으로 비판한다면 어떤 결과가 나타날까요? 개혁이나 혁명이 좋은 것만은 아니었으며, 사실은 나쁜 사람들이 벌인 일이었다는 엉뚱한 결론을 내리게 될 수도 있습니다. 이것은 역사 발전을 매우 부정적으로 보게 만들 수 있습니다. 그래서 역사는 비판적으로 바라보되 역사적으로 옳고 그름을 명백하게 평가해야 하는 것입니다. 이러한 시각에서 저는 이 책을 썼습니다.

현재의 한국사 교과서는 사실의 나열로 이루어진 글이라고 할 수 있습니다. 우리가 바라볼 때 정의로운 역사는 분명히 있습니다. 또한 나라를 팔아먹거나 외세에 빌붙어 같은 민족을 괴롭히는 등 불의의 역사도 있습니다. 그래서 정의로운 우리의 역사는 자랑스러워하고 불의의 역사는 비판하는 시각에서 이 책을 쓰고자 했습니다. 끝으로 이 책을 출판하는 데 많은 도움을 주신 도서출판 살림터 여러분께 깊이 감사드립니다.

2025년 5월 김은석

목차

III. 정의로운 조선사

IV. 정의로운 한국 근대사

V. 정의로운 한국 독립운동사

VI. 정의로운 한국 현대사

I.

정의로운
한국 고대사

1.

우리는 곰의 후손일까?
호랑이의 후손일까?

2019년 tvn에서 방송된 드라마 〈아스달 연대기〉의 첫 회에서는 이 드라마가 단군신화를 재해석하였음을 보여주는 장면들이 묘사되었습니다. 아스달족 연맹장은 산웅입니다. 머리에는 곰의 가죽을 쓰고 나타났죠. 아스달 족이 곰을 숭배하는 부족임을 보여줍니다. 그리고 뇌안탈 족과 아스달 족의 협상 장면이 묘사되었습니다. 뇌안탈 족은 호랑이 뼈 모자를 쓰고 호랑이 가죽을 등에 걸치고 나타났습니다. 뇌안탈 족은 호랑이를 숭배하는 부족임을 보여줍니다. 아스달의 산웅은 뇌안탈 족에게 콩, 보리, 수수의 곡식과 쑥, 마늘 등을 보여주며 농경 사회로의 길을 함께 만들어 갈 것을 제안합니다. 그러나 뇌안탈 족은 농경을 거부하고, 특히 쑥과 마늘은 먹지 않는다고 말하며 협상을 끝내고 돌아갑니다.

이러한 장면은 당연히 단군신화를 떠올리게 합니다. 환웅은 풍백, 우사, 운사, 즉 바람, 비, 구름을 주관하는 신하들을 데리고 이 땅에 내려옵니다. 즉 환웅 부족이 농경 문화를 바탕으로 한 부족이었음을 보여줍니다. 그리고 곰과 호랑이가 찾아와 인간이 되게 해달라고 빌자, 환웅은 쑥과 마늘

만 먹으며 동굴 속에서 100일을 버티라고 하죠. 그러나 호랑이는 버티지 못
하고 도망쳐 버리고 곰은 쑥과 마늘을 먹으며 버티고 사람이 되죠. 곰이 사
람으로 변한 웅녀는 환웅과 결혼하여 단군왕검을 낳습니다. 그리고 단군왕
검이 아사달에 도읍을 정해 나라를 세운 것이 바로 고조선입니다.

먼저 〈아스달 연대기〉의 배경 지역인 '아스달'은 고조선이 건국된 곳
'아사달'이라는 것을 알 수 있습니다. 그리고 아스달 족 연맹장 '산웅'은 '환웅'
이며, 산웅의 아들 '타곤'은 환웅의 아들 '단군'임을 보여줍니다. 환웅이 농경
문화와 쑥과 마늘을 곰과 호랑이에게 권한 것처럼 산웅은 곡식과 쑥과 마
늘을 호랑이 부족 뇌안탈에게 권합니다. 그러나 뇌안탈은 이를 거부하죠.
그렇다면 뇌안탈, 즉 호랑이 부족은 누구일까요? 작가들이 이름으로 힌트
를 준 것과 같이 '네안데르탈'인으로 보입니다.

네안데르탈인은 현생인류인 호모 사피엔스 사피엔스가 나타나기 직전
의 인류인데, 약 4만 년 전에서 2만 년 전 사이에 멸종하였습니다. 한편, 현
생인류는 약 4만 년 전에 나타났는데, 아마도 약 2만 년 동안 두 인류는 생
존 경쟁을 했던 것으로 보입니다. 그리고 그 경쟁의 결과는 네안데르탈인의
멸종이었죠. 아마도 초기에 현생인류와 네안데르탈인은 전쟁을 벌이는 경
우가 많았던 것으로 보입니다. 그러나 석기 기술을 더 날카롭게 발전시켜
나갔던 현생인류는 네안데르탈인에게 승리를 거두고, 2만 년경에는 거의 멸
종된 상황 속에 살아남은 소수의 네안데르탈인을 사
냥했을 것입니다. 그런데 두 인류가 전쟁만 했던
것은 아니었습니다. 현재 인류의 유전자에는 네
안데르탈인의 유전자가 일부 남아 있다고 합니
다. 이것은 두 인류의 교배가 이루어진 증거입

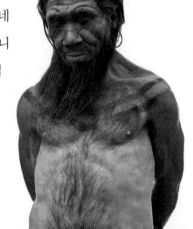

네안데르탈인 복원 모형 런던 자연사박물관 소재.

드라마 <아스달 연대기> 세트장 경기도 오산 소재.

니다. 다시 말해 현생인류와 네안데르탈인의 혼혈인도 있었음을 보여줍니다. 앞의 드라마에서 나온 사람과 뇌안탈의 혼혈인인 '이그트'와 같습니다.

단군신화에서 환웅은 곰이 사람으로 변화한 웅녀와 결혼하여 단군을 낳았습니다. <아스달 연대기>에서는 사람 여인 '아사혼'이 뇌안탈 남자 '라가즈'와 결혼하여 이그트 '은섬'을 낳습니다. 그런데 '단군'으로 보이는 '다곤' 역시 산웅(환웅)과 뇌안탈 여인(호랑이 부족)과의 사이에서 태어난 혼혈인 '이그트'입니다. 즉 혼혈인 '단군'이 고조선을 세운 것을 상징합니다. 또한 현생인류가 네안데르탈인의 유전자를 갖고 있는 것처럼 혼혈인 '은섬'은 뇌안탈만 꾸던 '꿈'을 꿉니다. 현생인류가 꿈을 꾸고 있는 것이 네안데르탈인의 유전자 때문이라는 이 드라마의 상상력은 매우 흥미롭습니다.

그렇다면 우리 민족은 과연 단군신화의 결말처럼 곰의 후손이 맞는 걸까요? 만약 우리가 곰의 후손이라면 우리 민족의 전설이나 민간 신앙에서 숭배하는 동물은 곰이 많아야 합니다. 그러나 대부분의 전설 속 이야기는 호랑이가 나오고, 산신령 옆의 자리는 언제나 호랑이의 차지였습니다. 이러한 민족 정서의 결과 서울 올림픽 마스코트는 호돌이였고, 평창 올림픽 마스코트는 수호랑(백호)이었습니다. 곰은 서울 패럴림픽 마스코트 곰두리(반달가슴곰 두 마리)와 평창 패럴림픽 마스코트 반다비(반달가슴곰)로 나타났습니다.

서울 올림픽 마스코트(왼쪽)와 평창 올림픽 마스코트(오른쪽)

여기서 다시 단군신화로 돌아갑시다. 단군신화의 배경 국가는 요동 반도와 만주, 한반도 북부를 영토로 삼았던 고조선입니다. 즉 동굴에서 도망친 호랑이는 한반도 남부로 이동했을 가능성이 높습니다. 실제로 만주를 떠난 세력들이 한반도로 이동하여 고구려, 백제, 신라를 세웠습니다. 즉 우리의 조상은 만주에 정착한 곰 부족이 아니라 한반도로 이동한 호랑이 부족일 가능성이 높습니다.

환웅 부족은 이 땅의 원래 주인이었던 곰 부족과 호랑이 부족에게는 낯선 외부 세력이었습니다. 단군신화에 따르면 곰 부족은 환웅 부족의 청동기 문화를 받아들이며 계급, 사유재산, 형벌 등 발전된 국가 체제에 참여하였다고 할 수 있습니다. 그러나 호랑이 부족은 환웅 부족이 사용하는 청동기 무기에 맞서 싸웠던 것으로 보입니다. 힘에 밀린 호랑이 부족은 남쪽으로 이동하였고, 청동기 문화의 발전도 늦었고, 국가 발전도 늦었던 것이죠. 그렇다면 곰 부족은 올바른 선택을 한 것이고, 호랑이 부족은 잘못된 선택을 한 것일까요?

저는 그렇지 않다고 생각합니다. 곰 부족은 환웅 부족과의 결합을 통해 발전을 택했고, 호랑이 부족은 환웅 부족과의 항쟁을 통해 자신들의 자유를 지키는 선택을 한 것뿐입니다. 좀 더 발전된 선진 외래문화를 받아들이는 것도 중요하지만 외세의 침략 전쟁에 맞서 끝까지 항쟁하는 것도 중요합니다. 그래서 우리 민족은 자발적으로 외부의 문화를 받아들여 우리의 문화를 발전시키기를 좋아했지만, 외세의 침략에 맞서 싸워 외세의 지배를 거의 당한 적도 없는 역사를 만들기도 하였습니다. 우리 민족은 오랫동안 다양한 외부 문화와 접촉하면서 그것들을 우리 것으로 소화하고 창조적으로 발전시키는 능력을 갖추고 있습니다. 또한 우리 민족은 지금까지 중국, 몽골, 일본 등 많은 강대국의 침략을 겪었지만, 그들에게 굴복하지 않고 영웅적으로 싸워서 우리의 영토와 주권을 지켰습니다. 다시 말해 우리는 곰의 후손이라고도 할 수 있고, 호랑이의 후손이라고도 할 수 있습니다. 그래서 우리는 곰처럼 은근과 끈기를 갖고 있기도 하지만 호랑이처럼 용맹하고 강인한 민족이기도 한 것입니다.

2.
연개소문의 쿠데타는
고구려의 멸망으로 이어졌다

독목관 대본 표지 중국 경극 중 하나 인 '독목관'의 대본 표지 그림으로, 왼 쪽 인물이 설인귀, 오른쪽 인물이 연 개소문입니다.

고구려 멸망의 원인은 여러 가지가 있 겠지만 가장 중요한 원인은 연개소문의 세 아들 사이에 벌어진 내분이라고 할 수 있 습니다. 그리고 연개소문의 아들들이 서 로 싸우게 된 원인 역시 연개소문의 잘못 된 자식 사랑이었습니다. 결국 고구려 멸 망의 가장 큰 원인은 연개소문이었던 것입 니다. 그렇다면 연개소문은 어떻게 고구려 의 권력을 잡게 되었던 것일까요? 먼저 『삼 국사기』의 다음 기록을 봅시다.

그의 아버지 동부(東部) 대인(大人) 대대로 (大對盧)가 죽자, 개소문이 마땅히 지위를 계승하고자 하였다. 하지만 국인 (國人)은 〔연개소문의〕 성품이 잔인하고 포악하였기 때문에 그를 싫어하여

지위에 오를 수 없었다. _『삼국사기』 권 제49 열전 제9 개소문 열전 중

원래 대대로의 임기는 3년이었는데, 연개소문의 할아버지 연자유 때부터 대대로의 자리를 독차지하고 연개소문의 아버지 연대조가 이어받았습니다. 그런데 그 아들인 연개소문까지 대대로를 이어받으려고 하자 이에 불만을 품게 된 귀족 세력들이 반발하였던 것이죠. 연개소문이 '성품이 잔인하고 포악하였다'는 것은 사실 겉으로 내세운 명분일 뿐이고 실제로는 연개소문 집안의 세습 독재 때문이었던 것입니다. 귀족들을 가까스로 달래고 대대로의 자리에 오른 연개소문은 천리장성 축조의 책임을 맡아 변방으로 떠나게 됩니다. 그리고 평양으로 돌아온 연개소문은 다음 기록과 같이 쿠데타를 일으켰습니다.

여러 대인(大人)이 〔영류〕왕과 함께 몰래 〔연개소문을〕 죽이고자 논의하였는데, 일이 새어 나갔다. 소문은 부병(部兵)을 모두 모아놓고, 마치 군대를 사열할 것처럼 하였다. 아울러 성 남쪽에 술과 안주를 성대히 차려 두고, 여러 대신(大臣)을 불러 함께 직접 보자고 하였다. 손님이 이르자 그들을 모두 살해하니, 대략 1백여 명이었다. 말을 달려 궁궐로 들어가 왕을 시해하고, 〔왕의 시신을〕 잘라 여러 토막으로 내고 도랑 안에 버렸다.

_『삼국사기』 권 제49 열전 제9 개소문 열전 중

연개소문에 반대하는 귀족들과 영류왕이 연개소문을 죽이고자 하는 음모를 알게 된 연개소문은 오히려 귀족들을 군대 사열식을 이유로 개최한 잔치에 초청하여 100여 명을 살해한 후 영류왕을 죽이고 그 시신을 토막내어 도랑에 내버리는 잔인함을 보였습니다. 여기서 주목해야 할 점이 바로 영류왕을 토막쳐 살인하였다는 것입니다. 이는 자신에게 반대하는 세력은

잔인하게 처단하겠다는 공포 정치를 선언한 것과 같습니다. 즉 연개소문은 연씨 집안의 세습 독재를 위해 쿠데타를 일으키고 공포 정치까지 일삼은 독재자라고 평가할 수 있습니다.

연개소문은 실권 없는 허수아비로 보장왕을 즉위시키고 자신의 종신 집권을 위해 태대대로라는 새로운 관직을 만들었습니다. 대대로 위의 관직으로 임기가 없는 종신직이었죠. 사실상 왕보다 더 강한 실권을 쥔 '진짜 왕'이었습니다. 게다가 자기 집안의 세습 독재를 위해 연개소문은 큰아들 연남생을 15살의 나이에 중리소형, 18살 나이에 중리대형에 임명하였습니다. 중리소형은 외국 사신의 접견을 맡은 관직이었고, 중리대형은 현대의 대통령 비서실장에 해당하는 직책으로 왕명 출납과 국가 중요 정책을 관장하는 자리였습니다. 또한 남생이 23살이 되자 최고 귀족 회의에 참석할 수 있는 중리위두대형의 자리에 올랐고, 24살에는 장군을 겸하게 되었습니다. 또한 둘째 아들 남건, 셋째 아들 남산 역시 젊은 나이에 주요 관직을 차지하였습니다.

이러한 연개소문의 아들들에 대한 사랑은 고구려가 멸망의 위기에 빠지는 순간에도 계속되었습니다. 660년 백제를 멸망시킨 당과 신라는 661년 고구려를 침략하기 시작하였습니다. 그런데 당나라 군을 압록강에서 막기 위해 동원된 3만 고구려군의 총사령관이 바로 연남생이었습니다. 그러나 연남생은 이전까지 군대를 지휘해 본 적이 없었습니다. 그리고 그 결과는 모두가 예상할 수 있듯이 연남생 혼자만 살아 돌아온 참패였습니다. 이후 연개소문이 평양성을 둘러싼 당군을 물리치지 못했다면 고구려는 더 빨리 멸망할 수도 있었던 상황이었죠. 결국 연개소문이 죽자, 고구려는 멸망의 길로 들어서게 됩니다. 다시 다음 기록을 봅시다.

25년 개소문이 죽고 장자인 남생이 대신 막리지가 되었다. 처음 국정을 맡

연남생 묘지명 1923년 중국 뤄양에서 발견.

고 여러 성에 나아가 순행하면서, 그의 동생 남건(男建)과 남산(男產)에게 남아서 뒷일을 맡게 하였다. 어떤 사람이 두 동생에게 말하기를, "남생은 두 아우가 핍박하는 것을 싫어하여 제거하려고 하니 먼저 계책을 세우는 것이 낫습니다"라고 하였다. 두 동생이 처음에는 이를 믿지 않았다. 또 어떤 사람이 남생에게 알리기를, "두 동생은 형이 돌아와 그 권력을 빼앗을까 두려워하여 형을 막고 들이지 않으려 합니다."라고 하였다. 남생이 몰래 친한 사람을 보내 평양에 가서 그들을 살피게 하였는데 두 아우가 그를 붙잡았다. 이에 왕명으로 남생을 불렀으나 남생은 감히 돌아오지 못하였다.

_『삼국사기』권 제22 고구려본기 제10 보장왕(寶藏王) 기사 중

보장왕 25년(666) 연개소문이 죽고 큰아들 연남생이 막리지에 올라 연씨 집안의 세습 독재가 이어졌습니다. 연개소문의 쿠데타 이후, 공포 정치가 계속되었고, 연개소문의 편애를 받았던 무능한 연남생이 권력을 이어받자 권력 투쟁이 벌어지기 시작하였습니다. 연남생은 661년 참패로 자신의 무능함을 드러냈지만, 연개소문은 나라를 위기에 빠트린 큰아들을 자식 사랑의 마음으로 용서하였습니다. 이러한 상황은 결국 세 아들의 분열로 이어졌다고 생각할 수 있습니다. 무능한 연남생이 권력을 이어받자 이에 불만을 가진

세력들이 연남건, 연남산에게 접근하여 '남생은 두 아우가 핍박하는 것을 싫어하여 제거하려고 하니'라고 말하며 이간질하였습니다. 만약 연남생이 무능하지 않았다면 이러한 이간질은 통하지 않았을 것입니다. 연남생이 유능하였다면 두 아우가 핍박할 이유가 없기 때문이죠. 즉 두 아우도 큰형 연남생이 갖고 있던 무능 콤플렉스를 알고 있었기에 이러한 이간질이 통할 수 있었던 것이죠.

또한 연남생이 연개소문의 뒤를 이어 4대 세습을 한 것에 대해서도 많은 불만이 있었던 것으로 보입니다. 이미 연개소문이 3대 세습을 했을 때도 귀족들 대다수는 반대했었습니다. 당연히 연씨 집안의 4대 세습 독재는 고구려 귀족들 사이에 큰 불만을 일으켰을 것입니다. 게다가 연남생이 고구려를 멸망시키는 데 앞장선 매국노였다는 점에서 연개소문은 더욱 비판받아야 합니다.

훌륭한 최고 권력자는 자신의 후계자를 잘 선택하여 물려줄 수 있어야 합니다. 그러나 연개소문은 무능한 큰아들을 선택하였고, 그 결과는 연남생이 매국노가 되어 고구려를 멸망시키는 것이었습니다. 잘못된 후계자 선택으로 나라를 망하게 한 연개소문의 책임은 역사의 심판에서 자유로울 수 없습니다. 그리고 이 모든 결과의 출발점에는 연개소문의 잔인무도한 쿠데타가 있습니다. 영류왕을 토막 내어 살인하는 쿠데타로 연개소문에게 바른 소리를 할 수 있는 사람들이 없어졌습니다. 어린 나이의 아들들을 높은 관직에 등용해도 이를 만류하는 강직한 사람들이 없는 상황이었던 것이죠. 나라가 망할 수 있는 위기에 아무 경험 없는 큰아들을 총사령관으로 내보낸 오판을 해도 그 아들을 후계자로 선택해도 아무도 말하지 않는 분위기였습니다. 나라의 왕조차도 토막 살인하는 연개소문에게 누가 바른 소리를 할 수 있었을까요? 그래서 고구려 멸망의 출발점은 연개소문의 쿠데타였다고 평가할 수 있습니다.

3.
나·당 동맹은
굴욕적인 동맹이었다

신라의 김춘추는 삼국통일을 위해 당 태종을 찾아가 밀약을 맺었습니다. 그 밀약의 내용은 다음과 같습니다.

선왕(무열왕)께서 정관(貞觀) 22년(648)에 중국에 들어가 태종문황제(太宗文皇帝)를 직접 뵙고서 은혜로운 칙명을 받았는데, '내가 지금 고구려를 치는 것은 다른 이유가 아니라, 너희 신라가 두 나라 사이에 끌림을 당해서 매번 침략당하여 편안할 때가 없음을 가엽게 여기기 때문이다. 산천과 토지는 내가 탐내는 바가 아니고 보배[玉帛]와 사람들은 나도 가지고 있다. 내가 두 나라를 평정(平定)하면 평양(平壤) 이남과 백제 땅은 모두 너희 신라에게 주어 길이 편안하게 하겠다' 하시고는 계책을 내려주시

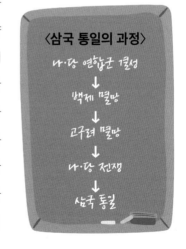

〈삼국 통일의 과정〉

나·당 연합군 결성
↓
백제 멸망
↓
고구려 멸망
↓
나·당 전쟁
↓
삼국 통일

고 군사 행동의 약속을 주셨습니다.

_『삼국사기』 권 제7 신라본기 문무왕(文武王) 11년 7월 26일 기사 중

즉 신라와 당은 힘을 합하여 백제와 고구려를 공동으로 공격하며, 백제
는 신라가, 평양 북쪽의 고구려 땅은 당나라가 차지한다는 내용입니다. 이
밀약은 처음부터 굴욕적인 계약이었습니다. 당시 고구려가 차지한 만주 땅
은 한반도의 몇 배에 달하는 광활한 영토였습니다. 그런데 신라는 백제와
평양까지의 영토를 차지하고, 당나라는 한반도 북부를 포함한 만주 땅을
차지한다는 것은 다시 말하면 신라가 4분의 1, 당은 4분의 3을 차지한다는
매우 불공평한 계약이었던 것이죠. 심지어 이마저도 백제가 멸망하자 당나
라는 약속을 어기고 백제에 웅진도독부를 설치하죠. 아마도 당나라는 전
쟁 전부터 백제와 신라를 먼저 차지할 생각이었던 것 같습니다. 먼저 『삼국
사기』의 다음 기록을 보시죠.

유신(庾信) 등이 당나라 군대의 진영에 이르자, 소정방은 유신 등이 약속한
기일보다 늦었다고 하여 신라의 독군(督軍)인 김문영(金文穎)을 군문(軍門)에
서 목을 베려고 하였다. 유신이 무리에게 말하기를, "대장군(大將軍)이 황산
(黃山)에서의 싸움을 보지도 않고 약속한 날짜에 늦은 것만을 가지고 죄를
삼으려고 하는데, 나는 죄가 없이 모욕을 받을 수 없다. 반드시 먼저 당나
라 군사와 결전을 치른 후에 백제를 깨뜨리겠다"라고 하였다. 이에 큰 도끼
를 잡고 군문에 섰는데, 〔그의〕 성난 머리털이 곧추서고 허리에 찬 보검이
저절로 칼집에서 튀어나왔다. 소정방의 우장(右將)인 동보량(董寶亮)이 〔소정
방의〕 발을 밟으며 말하기를, "신라의 군사가 장차 변란을 일으킬 듯합니다"
라고 하자 소정방이 곧 문영의 죄를 용서하였다.

_『삼국사기』 권 제5 신라본기 태종 무열왕 7년 7월 9일 기사 중

위 내용은 신라와 당이 백제 사비성을 함락한 후 벌어진 일을 기록한 것입니다. 소정방이 약속한 기일보다 늦었다고 트집을 잡아 김유신의 부하 장군 김문영을 처형하겠다고 하자 김유신이 도끼와 칼을 꺼내 들고 당군과 일전을 벌이겠다고 위협합니다. 결국 김유신 장군의 결기에 기가 죽은 소정방이 처형을 포기합니다. 그렇다면 신라군은 정말로 기일을 어겼던 것일까요? 다시 『삼국사기』의 기록을 봅시다.

〔7년(660) 6월〕 21일에 왕이 태자 법민(法敏)을 보내 병선(兵船) 100척을 거느리고 덕물도(德物島)에서 소정방(蘇定方)을 맞이하게 하였다. 정방이 법민에게 말하기를, "나는 7월 10일에 백제의 남쪽에 이르러 대왕의 군대와 만나서 의자(義慈)의 도성(都城)을 무찔러 깨뜨리고자 한다"라고 하였다.

_『삼국사기』 권 제5 신라본기 태종 무열왕 7년 6월 21일 기사 중

위 기록에 따르면 소정방은 신라의 태자 법민(문무왕)에게 7월 10일 합류하기로 약속합니다. 그러나 앞에 김문영 처형을 위협한 사건은 7월 9일에 벌어진 일입니다. 즉 약속한 날짜보다 하루 먼저 합류하였는데도 약속을 어겼다고 트집을 잡은 것이죠. 그렇다면 소정방은 왜 트집을 잡으려고 한 것일까요? 다시 『삼국사기』의 기록을 봅시다.

장군 정방이 유신·인문·양도(良圖) 등 세 사람에게 말했다. "내가 재량껏 일을 처리하라는 황제의 명을 받았소. 지금 싸워 얻은 백제 땅을 공들에게 식읍으로 나누어 주어 여러분의 공에 보답하려고 하는데 어떻겠소?" 유신이 대답하였다. "대장군이 귀국의 군사를 거느리고 와서 우리 임금의 소망에 부응하고 우리나라의 원수를 갚아주니, 우리 임금과 온 나라의 신하와 백성들이 기뻐서 어쩔 줄을 모르고 있습니다. 그런데 유독 우리만이

땅을 받아 자신을 이롭게 한다면 이것이 어찌 의로운 일이겠습니까?" 그리고는 끝내 받지 않았다. _『삼국사기』 제42권 열전 제2 김유신 열전 중

위 기록은 소정방이 백제 땅을 차지한 후 김유신 등에게 백제 땅을 식읍으로 나누어 주겠다는 말로 회유를 하는 장면입니다. 신라 장군(김유신)과 아찬(김양도), 왕자(김인문) 등을 회유하여 신라를 배신하도록 하여 이간질하고 결국엔 백제 땅과 신라까지 차지하려고 했던 당나라의 음모가 있었던 것으로 보입니다. 이를 뒷받침하는 『삼국사기』의 다음 기록을 봅시다.

당나라가 백제를 멸망시킨 다음, 사비(泗沘) 땅에 진영을 치고 신라를 침공할 것을 은밀히 꾀하였다. 우리 왕이 이를 알고 여러 신하들을 불러 대책을 물었다. [중략] 왕이 말했다. "당군이 우리를 위하여 적을 없애주었는데 도리어 그들과 싸운다면 하늘이 우리를 도와주겠는가?" "개가 주인을 두려워하지만, 주인이 자기의 다리를 밟으면 무는 법입니다. 어찌 어려움을 당하여 자구책을 마련하지 않겠습니까? 대왕께서 이를 허락하소서." 당나라가 우리가 대비하고 있음을 염탐하여 알고, 백제왕과 신하 93명, 군사 2만 명을 사로잡아 9월 3일에 사비에서 배를 타고 돌아가며 낭장(郎將) 유인원(劉仁願) 등을 남겨 두어 수비하게 하였다. _『삼국사기』 제42권 열전 제2 김유신 열전 중

위 내용은 당나라 군대가 백제 땅을 차지한 이후 신라까지 침략할 계획을 세웠음을 보여줍니다. 무열왕 김춘추가 당과 싸울 것을 주저하자 김유신은 '개도 주인이 자기의 다리를 밟으면 문다'라고 비유하면서 당과 싸울 것을 주장하죠. 이와 같이 신라가 당나라의 침략에 맞서 싸울 계획을 세웠다는 것을 알고 당군은 어쩔 수 없이 신라에 대한 침략을 포기하였습니다. 그러나 이후에도 당은 신라 침략을 포기하지 않았고, 663년에는 신라에 계림

도독부를 설치하고 문무왕을 도독으로 임명하여 형식적으로는 당의 한 지방으로 만들어 한반도 전체를 차지하려는 마음을 드러냈습니다.

668년 당과 신라의 연합군은 고구려를 멸망시켰지만 역시나 당은 약속을 어기고 고구려 땅에 안동도호부를 설치하며 한반도 전체를 차지하려고 했습니다. 이러한 당의 야욕에 대항하여 신라인들과 백제, 고구려의 유민들은 힘을 합쳐 매소성 싸움, 기벌포 해전의 승리로 당군을 축출하였습

정림사지 5층석탑 충청남도 부여 소재. 탑신에는 '大唐平百濟碑銘'이라는 글 등이 새겨져 있는데, '대당이 백제를 평정하여 비를 새기다'는 뜻입니다.

니다. 그러나 신라의 통일은 광활한 고구려의 영토를 모두 잃어버린 대동강 이남의 통일일 뿐이었습니다. 또한 고구려 유민들은 당과의 끈질긴 항쟁 끝에 698년 발해를 세우면서 우리 민족의 통일은 물거품이 되었고 남북국의 대립이 다시 시작되었습니다.

대동강~원산만을 경계로 통일 이룩

매소성 전투

기벌포 전투

금성

이 지도는 매소성 전투와 기벌포 전투에서 당나라 군대를 몰아내고 통일을 이룬 신라의 영역을 나타낸 것입니다.

결론적으로 신라의 삼국통일은 진정한 민족 통일이 아니었습니다. 당나라는 백제를 정복하자마자 백제 땅을 차지하고 신라 땅마저 차지하려고 하였습니다. 당은 아마도 백제를 멸망시키면 약한 신라는 쉽게 차지할 수 있다고 판단한 것 같습니다. 이렇게 한반도 남부를 먼저 차지한 후 고구려의 남북 양쪽에서 공격하면 고구려 정복도 더 쉬울 것이라고 판단한 듯합니다. 즉 신라는 삼국통일을 위해서 당나라라는 강도를 끌어들이는 어리석은 짓을 한 것입니다. 결국 고구려 멸망 후 신라는 당과 전쟁을 벌여 가까스로 당군을 몰아내고 나라를 지킬 수 있었을 뿐입니다. 물론 삼국통일을 했다는 것은 결과적으로 좋은 일이었지만 그 과정을 살펴보면 우리 민족 전체가 사라질 수도 있었던 매우 어리석은 결정이었다고 평가할 수 있습니다.

4.

발해를 꿈꾸며

남북국 시대 지도 발해의 상경과 신라의 금성이 표시되어 있습니다.

현재 한국사 교과서에서는 통일신라와 발해가 병립했던 시대를 남북국 시대라고 규정하고 있습니다. 그렇다면 이러한 '남북국' 용어를 처음 사용했던 것은 언제부터였을까요? 먼저 유득공이 쓴『발해고』의 기록을 보겠습니다.

고려가 발해사를 짓지 않았으니 고려의 국력이 떨치지 못하였음을 알 수 있다. 부여씨가 망하고 고씨가 망하자 김씨가 그 남쪽을 영유하였고, 대씨가 그 북쪽을 영유하여 발해라 하였다. 이것이 남북국이라 부르는 것으로 마땅히 남북국사가 있어야 했음에도 고려가 이를 편찬하지 않은 것은 잘못된 일이다.

_유득공, 『발해고』 서문 중

유득공은 백제와 고구려가 멸망하여 신라가 통일을 하였지만 발해가 북쪽 영토를 차지하여 우리 민족이 남북으로 두 나라가 되었음을 지적합니다. 그래서 두 나라를 계승한 고려가 당연히 남북국사를 편찬했어야 할 의무가 있었는데 이를 하지 않은 것은 잘못된 일이라고 비판한 것이죠. 다시 『발해고』를 이어서 보겠습니다.

무릇 대씨는 누구인가? 바로 고구려 사람이다. 그가 소유한 땅은 누구의 땅인가? 바로 고구려 땅으로 동쪽과 서쪽과 북쪽을 개척하여 이보다 더 넓혔던 것이다. 김씨가 망하고 대씨가 망한 뒤에 왕씨가 이를 통합하여 고려라 하였는데, 그 남쪽으로 김씨의 땅을 온전히 소유하게 되었지만 그 북쪽으로는 대씨의 땅을 모두 소유하지 못하여 그 나머지가 여진족에 들어가기도 하고 거란족에 들어가기도 하였다.

_유득공, 『발해고』 서문 중

유득공은 계속해서 발해가 고구려 계승국임을 밝힙니다. 발해 사람들이 고구려 유민들이고, 그 영토가 고구려 영토이며, 오히려 고구려보다 더 큰 영토를 개척하였음을 말하죠. 그리고 신라와 발해가 멸망한 뒤에 고려가 두 나라를 계승하였지만, 신라 영토만 차지하였을 뿐, 발해의 영토는 되찾지 못하여 그 영토가 여진족, 거란족의 차지가 되었음을 밝힙니다. 다시 『발해고』의 기록을 봅시다.

이때 고려를 위하여 계책을 세우는 사람이 급히 발해사를 써서 이를 가지고 "왜 우리 발해 땅을 돌려주지 않는가? 발해 땅은 바로 고구려 땅이다"라고 여진족을 꾸짖은 뒤에 장군 한 명을 보내서 그 땅을 거두어 오게 하였다면, 토문강 북쪽의 땅을 소유할 수 있었을 것이다. 또 이를 가지고 "왜 우리 발해 땅을 돌려주지 않는가? 발해 땅은 바로 고구려 땅이다"라고 거란족을 꾸짖은 뒤에 장군 한 명을 보내서 그 땅을 거두어 오게 하였다면, 압록강 서쪽의 땅을 소유할 수 있었을 것이다. 그러나 발해사를 쓰지 않아서 토문강 북쪽과 압록강 서쪽이 누구 땅인지 알지 못하게 되어 여진족을 꾸짖으려 해도 할 말이 없고 거란족을 꾸짖으려 해도 할 말이 없게 되었다. 고려가 마침내 약한 나라가 된 것은 발해 땅을 얻지 못하였기 때문이니, 크게 한탄할 일이다.

_유득공, 『발해고』 서문 중

유득공은 고려가 발해사를 편찬하여 발해를 계승한 나라가 고려임을 내세워 발해 영토를 여진족과 거란족으로부터 되찾았어야 한다고 주장합니다. 결국 발해사를 편찬하지 않았기 때문에 발해의 영토를 잃어버리게 되었고, 고려는 결국 약한 나라가 되어 버렸다는 것이죠.

『발해고』 유득공 저, 국립민속박물관 소장본.

그렇다면 발해는 과연 우리 민족의 역사였을까요? 먼저 일본 승려 엔닌이 쓴 『입당구법순례행기』의 기록을 보겠습니다.

[8월] 15일 절에서 박탁(餺飥)과 병식(餅食) 등을 마련하여 8월 보름 명절을 지냈다.. 이 명절은 여러 다른 나라에는 없고 오직 신라국에만 유독 이 명

절이 있다. 노승 등이 말하기를 "신라국이 발해국과 서로 싸웠을 때 이날 승리를 거두었기 때문에 이날을 명절로 삼아 음악과 춤을 추며 즐겼다. 이 행사는 오래도록 이어져 그치지 않았다"라고 한다. 온갖 음식을 마련하고 가무와 음악을 연주하며 밤낮으로 이어져 3일 만에 끝이 난다. 지금 이 산원에서도 고국을 그리워하며 오늘 명절을 지냈다. 그 발해는 신라에 토벌되어 겨우 1천 명이 북쪽으로 도망갔다가 후에 되돌아와 옛날대로 나라를 세웠다. 지금 발해국이라 부르는 나라가 바로 그것이다.

_『입당구법순례행기』 권 제2 개성사년(839) 8월 15일 기록 중

위 기록에 따르면 엔닌은 적산원(장보고가 산둥반도 적산에 세운 법화원)에 머물면서 노승들의 말을 듣고 음력 8월 보름, 즉 추석의 기원을 적었습니다. 그런데 추석의 기원이 신라와 발해가 전쟁을 벌였을 때 신라가 승리한 날이 8월 15일이었기에 이를 기념하여 추석이 시작되었다는 것입니다. 그러나 여기서 발해는 고구려를 말하는 것으로 보입니다. 발해가 신라에 토벌되어 북쪽으로 도망갔다가 다시 돌아와 나라를 세워 발해가 되었다는 것이죠. 그러나 발해는 실제로 신라에 토벌되어 북쪽으로 도망간 적이 없습니다. 즉 앞의 발해는 고구려를 말하는 것입니다. 고구려가 신라의 삼국통일 과정에서 멸망한 것을 발해가 신라에 토벌된 것으로 표현한 것으로 보입니다. 다시 말해 고구려가 망한 이후 유민들이 북쪽, 즉 당나라 영주로 끌려갔다가 다시 고구려 땅으로 돌아와 나라를 세워 발해가 되었음을 말한 것입니다. 이것은 당시 재당신라인들이 발해가 고구려를 계승한 나라라고 이해했음을 보여줍니다. 그렇다면 당시 발해인들은 스스로를 어떻게 생각했을까요? 먼저 『속일본기』의 기록을 보겠습니다.

무예(발해 무왕)가 아룁니다. [중략] 고려(고구려)의 옛 땅을 회복하고 부여의

습속을 가지고 있습니다. 그러나 다만 너무 멀어 길이 막히고 끊어졌습니다. 어진 이와 가까이하며 우호를 맺고 옛날의 예에 맞추어 사신을 보내어 이웃을 찾는 것이 오늘에야 비롯하게 되었습니다. [중략] 때때로 아름다운 소리를 이어받아 길이 이웃과의 우호를 돈독히 하고자 합니다.

_『속일본기』신구(神龜) 5년(728) 봄 1월 기사 중

위 기록에 따르면 발해 무왕은 자신을 말할 때 고구려를 계승하고 부여의 풍속을 갖고 있는 나라라고 소개합니다. 한마디로 발해인들은 고구려 계승 의식을 지니고 있었다고 볼 수 있습니다. 다시 『속일본기』의 기록으로 돌아갑시다.

천황(天皇)은 삼가 고려국왕(高麗國王)에게 문안한다. [중략] 옛날 고구려의 전성기 때 그 왕 고무(高武)는 조상 대대로 바다 밖에 있으면서 형제와 같이 친하고 군신과 같이 의로워, 바다를 건너고 산을 넘어 조공을 계속하였다. 말기가 되어 고씨가 망한 이래로 소식이 끊어졌다. 그러다가 신구(神龜) 4년에 이르러 왕의 선고(先考)인 좌금오위대장군발해군왕(발해 무왕)이 사신을 보내어 내조하여 비로소 조공을 닦았다. [중략] 이제 돌아가는 사신 편에 이러한 마음을 표하고, 아울러 별도와 같이 물건을 보낸다.

_『속일본기』보구(寶龜) 3년(772) 봄 2월 기사 중

위 기록은 발해 문왕이 일본에 보낸 국서에 대해 일본 왕이 답서를 보낸 내용의 일부입니다. 그런데 발해 문왕을 고려국왕이라고 지칭하고 있죠. 즉 일본인들은 발해를 고구려 계승국이라고 인식했던 것입니다. 또한 고구려가 멸망한 이후로 소식이 끊겼다가 발해 무왕이 일본에 사신을 보내면서 다시 외교 관계가 이어졌다는 것은 고구려와 발해가 사실상 같은 나라임을

인정한 것이죠.

　이와 같이 당시 발해에 대한 국제적인 인식이나 발해인 스스로의 인식을 이야기하라고 하면 발해가 고구려를 계승한 나라라고 말하는 것이 보편적이었습니다. 현재 남북한은 서로를 같은 민족이라고 생각하고, 세계적으로도 같은 민족이 분단되어 있는 나라라고 인식하고 있습니다. 이와 마찬가지로 신라인, 일본인들도 발해를 고구려와 같은 나라로 인식하였으며, 발해인은 스스로 고구려인이라고 인식하였습니다. 한 국가가 스스로의 정체성을 어떤 나라를 계승하고 있다는 정체성은 매우 중요한 토대입니다. 게다가 이웃 국가들 역시 그 나라를 어떤 나라를 계승하였다고 모두 인식한다면 더욱 확실한 것이죠. 이러한 점에서 발해는 우리 민족의 역사에 확실히 포함되는 나라라고 할 수 있습니다.

5.
골품제는 사회를 망치는 지름길이다

신라 골품제의 최고 계급은 성골입니다. 이 성골은 진덕여왕을 끝으로 사라집니다. 성골 출신 왕의 마지막 두 왕이 선덕여왕, 진덕여왕입니다. 이렇게 남자 성골이 없어지게 되자 여자 성골이라도 여왕으로 세우는 것이 바로 골품제입니다. 사라지는 한이 있을지언정 특권은 절대 양보할 수는 없다는 것입니다. 신라 말기 골품제는 더욱 썩어 갑니다. 진골 귀족들의 왕위 쟁탈전은 계속 일어났고, 그들의 기득권 수호는 계속되었습니다. 6두품들의 불만은 자꾸만 쌓여갔고, 진골들의

등급	관등명	공복	진골	6두품	5두품	4두품
1	이벌찬	자색				
2	이찬	자색				
3	잡찬	자색				
4	파진찬	자색				
5	대아찬	자색				
6	아찬	비색				
7	일길찬	비색				
8	사찬	비색				
9	급벌찬	비색				
10	대나마	청색				
11	나마	청색				
12	대사	황색				
13	사지	황색				
14	길사	황색				
15	대오	황색				
16	소오	황색				
17	조위	황색				
관등		공복	골품			

골품제 관등표 진골은 제한이 없고, 6두품은 6등급 아찬, 5두품은 10등급 대나마, 4두품은 12등급 대사까지만 올라갈 수 있었습니다.

양보를 요구했지만, 진골들은 6두품들을 대화 상대로 인정하지도 않았습니다. 진골이 6두품을 상전으로 모신다는 것은 있을 수 없기 때문입니다. 죽는 한이 있어도 절대 양보할 수는 없다는 것입니다.

이러한 골품제는 어떻게 시작되었을까요? 군장 세력들이 중앙집권국가의 귀족화 과정에서 자신이 이끌고 있는 세력의 크기에 따라 세부적인 위계질서가 주어진 것이라고 할 수 있습니다. 결국 깡패들이 주먹 세기로 위계질서를 정하는 것과 같습니다. 즉 원초적인 본능입니다. 그래서 골품제는 절대 양보가 불가능한 것입니다. 동물적 본능에 가까운 것이기 때문에 양보는 있을 수가 없는 것이죠.

통일신라 말기 6두품들은 골품제의 한계에 의해 진골들 밑에서 자신들의 능력을 펼 수 없었습니다. 아무리 능력이 뛰어나도 고위 관직에 오를 수 없다는 것은 6두품들에게는 깊은 좌절을 안겨 주었습니다. 그래서 많은 6두품이 조국을 떠나 당나라로 유학을 떠나거나 이민을 선택했습니다. 결국 6두품들은 신라를 버리고 가혹한 착취에 들고일어났던 민중들과 새로운 세력으로 나타난 지방 호족들과 결합하여 새 나라 고려를 세웠던 것입니다.

그러나 골품제는 사실 없어지지 않았습니다. 고려 때에도 음서라고 하는 새로운 골품제가 나타났습니다. 간단하게 말하면 문벌 귀족 가문의 자손은 과거 시험을 보지 않고도 관리가 될 수 있었고, 고위직에도 올라갈 수 있었습니다. 특히 고려 후기에 지배층이었던 권문세족들이 과거 시험을 보는 경우는 거의 사라지게 됩니다. 이들은 고위직이었던 조상들의 권력을 이용하여 음서라는 제도를 통해 고위직에 올라가게 됩니다. 결국 과거 시험을 통해 관리가 된 신진사대부들이 나라로부터 지급받을 땅조차도 없게 되자 전국의 토지를 거의 다 차지하고 있던 권문세족들과 대립하게 되었고, 억압에 신음하던 민중들과 함께 토지대장을 불사르며 혁명적인 과전법을 시행하였으며, 조선이 건국되면서 신진사대부들은 승리하게 됩니다.

삼일유가 중 장원급제 김홍도가 그린 <평생도병> 10개 그림 중 하나인 '삼일유가'의 장원급제 장면을 확대한 그림.

조선은 신진사대부들이 세운 나라였기 때문에 음서를 매우 부끄럽게 여겼고, 최소한으로 축소했습니다. 그래서 문음이라고 하여 3품 이상 고위 관리들의 자손은 과거 시험 없이 관리가 될 수 있었지만 고위직으로 올라 가는 경우는 거의 없었습니다. 그래서 양반들은 당연히 과거 시험을 통해 관리가 되어야 한다고 생각하였고, 문음 출신들은 고위직에 올라갈 자격조 차 주어지지 않았던 것입니다. 그러나 문음이라는 특권도 절대 없어지지는 않았습니다. 그러다가 19세기 세도 정치기에 들어가서 특정 성씨의 가문이 권력을 독점하게 되자 또다시 과거 시험의 부정부패가 늘어나면서 매관매 직이 성행하고, 고위직에는 특정 가문들만이 오를 수 있게 되었습니다. 돈 을 주고 관직을 산 관리들은 민중들을 착취하기 시작했고, 더 이상 참을 수 없게 된 민중들은 1862년 임술년에 전국적으로 봉기를 일으키게 되었던 것 입니다.

위에서 살펴본 것처럼 우리의 지배층들이 관리 임용을 어떻게 했는지에 대한 역사를 보면 능력을 무시하고, 가문의 핏줄에 의한, 공정치 못한 골품제와 같은 형태가 되었을 때 국가, 사회가 건강함을 잃고 위기에 빠지게 된다는 것을 알 수 있습니다. 관리 임용은 국가와 사회를 이끌어가는 중요한 역할을 하는 지배층을 선발하는 과정입니다. 따라서 관리 임용은 능력과 성실성, 도덕성 등을 공정하게 평가하여 우수한 인재를 선발할 수 있어야 합니다. 그러나 골품제는 계층 간의 이동을 억제하고, 부패와 탐욕을 부추기는 기득권 강화 시스템입니다. 골품제 사회에서는 능력과 노력이 인정되지 않고, 출신과 혈통이 중시되기 때문에, 진짜 능력 있는 인재들은 소외되고 억압받습니다. 또한 골품제를 지키려는 기득권층은 자신들의 권력과 이익을 지키기 위해 부도덕하고 폭력적인 행위를 저지르기도 합니다. 즉 골품제와 같은 계층 이동이 불가능한 사회 시스템이야말로 사회를 망치는 지름길이라고 할 수 있습니다. 이러한 부도덕한 지배층의 수탈이 점점 가혹해지고 수탈에 분노한 민중들이 봉기할 때 그들과 함께 세상을 바꾸는 새로운 지배층이 나타났습니다. 그러므로 우리는 골품제와 같은 사회 시스템을 배척하고, 고위 공무원 임명 등을 공정하고 투명하게 해야 합니다. 그렇게 해야만 우리의 국가와 사회가 건강하고 발전적인 방향으로 나아갈 수 있기 때문입니다.

6.
대나무숲을 없애도
민중의 입을 막을 수는 없다

구정동 방형분. 경문왕릉으로 추정. 경상북도 경주 소재.

왕의 이름은 응렴(膺廉)이고 나이 18세에 국선(國仙)이 되었다. 나이 20세가
되자 헌안대왕(憲安大王)이 낭을 불러 대궐에서 잔치를 베풀면서 묻기를, [중
략] "짐에겐 두 딸이 있는데 [낭의] 시중을 들게 하고 싶네"라고 하였다. [중
략] 낭의 무리 가운데 우두머리인 범교사(範敎師)라는 자가 이 말을 듣고 집
에 와서 낭에게 묻기를, "대왕께서 공주를 공의 아내로 주고자 한다는데 사

실입니까?"라고 하니 낭이 말하기를 "그렇습니다"라고 대답하였다. [그가 다시] 묻기를, "어느 공주에게 장가들 생각입니까?"라고 하니, 낭이 말하기를, "부모님께서 나에게 명하시기를 둘째 공주가 마땅하다고 했습니다"라고 하였다. 범교사가 말하기를, "낭께서 만약 동생에게 장가간다면 나는 낭의 면전에서 반드시 죽을 것이며, 그 언니에게 장가든다면 반드시 세 가지 좋은 일이 있을 것이니 살피시기 바랍니다"라고 하였다. 낭이 말하기를 "시키는 대로 하겠습니다"라고 하였다. 이윽고 왕이 날을 택하여 낭에게 사람을 보내 말하기를, "두 딸을 공의 의사대로 결정하라"고 하였다. 사신이 돌아와서 낭의 의사대로 아뢰기를, "맏공주를 받들겠다고 합니다"라고 하였다. 그 후 3개월이 지나자 왕은 병이 위독하여 여러 신하들을 불러서 말하기를, "짐은 남손(男孫)이 없으니 죽은 후의 일[窀穸之事]은 마땅히 장녀(長女)의 남편인 응렴이 계승해야 할 것이다"라고 하였다. 다음 날 왕이 세상을 떠나니 낭이 유조(遺詔)를 받들어 즉위하였다. 이에 범교사가 왕에게 나아가 아뢰기를, "제가 아뢰었던 세 가지 좋은 일이 지금 모두 분명해졌습니다. 맏공주에게 장가듦으로써 지금 왕위에 오른 것이 그 첫째이옵고, 예전에 흠모하던 둘째 공주에게 이제 쉽게 장가를 들 수 있음이 그 둘째이오며, 맏공주에게 장가듦으로써 왕과 부인께서 매우 기뻐하게 됨이 그 셋째입니다"라고 하였다. 왕은 그 말을 고맙게 여겨 대덕(大德) 벼슬을 주고 금 1백 30냥을 내려주었다. 왕이 세상을 떠나니 시호를 경문(景文)이라 했다.

_『삼국유사』 권 제2 기이 48대 경문왕 조 중

위의 글은 경문왕이 왕이 되는 과정을 설명하고 있죠. 헌안왕은 왕자가 없이 공주만 둘이 있었는데, 경문왕을 사위 삼기로 하면서 경문왕에게 어느 공주와 결혼할 것인지 선택권을 줍니다. 경문왕은 범교사라는 측근의 조언을 받아들여 못생긴 첫째 공주와 결혼하죠. 3개월 후 헌안왕이 죽으면서 장녀의 사위 경문왕에게 왕위를 물려준다는 유언을 남기고 이에 경문왕이 즉위하게 되죠. 그런데 이 이야기의 주인공 경문왕은 '임금님 귀는 당나귀 귀'의 주인공이기도 합니다. 다시 『삼국유사』의 기록으로 돌아갑시다.

> 왕이 임금의 자리에 오르자 왕의 귀는 갑자기 길어져서 당나귀의 귀처럼 되었다. 왕후와 궁인들이 모두 알지 못했으나 오직 복두장(幞頭匠) 한 사람만이 그 사실을 알고 있었다. 그러나 평생 동안 그 사실을 사람들에게 말하지 않다가 그 사람이 장차 죽으려 할 때 도림사(道林寺)의 대나무 숲속에 사람들이 없는 곳으로 들어가 대나무를 향하여 외치기를, "우리 임금님 귀는 나귀의 귀처럼 생겼다."고 하였다. 그 후에 바람이 불기만 하면 대나무에서 소리가 나서 "우리 임금님 귀는 나귀의 귀처럼 생겼다"라고 하였다. 왕이 이것을 싫어해서 이에 대나무를 베어버리고 산수유나무를 심었더니 바람이 불면 다만 그 소리는 "우리 임금님 귀는 기다랗다"라고만 했다.
>
> _『삼국유사』 권 제2 기이 48대 경문왕 조 중

위 기록에 따르면 경문왕은 왕위에 오르자 귀가 길어져 당나귀 귀처럼 변하였다고 합니다. 사람의 귀가 갑자기 길어진다는 것은 있을 수 없는 일이기 때문에 아마도 이것은 경문왕의 숨기고 싶은 약점이나 비밀을 상징한다고 볼 수 있습니다. 그리고 복두장은 이 비밀을 유일하게 알고 있는 측근을 상징한다고 볼 수 있지요. 복두장 역시 평생 비밀을 지키다가 죽음을 앞에 두고 대나무숲에 비밀을 폭로하고 죽습니다. 그 후로 대나무숲에서는 '임금님 귀는 당나귀 귀'라는 비밀이 폭로되기 시작하죠. 화가 난 경문왕은 대나무숲을 모두 베어버립니다. 그러나 대나무숲 자리를 대신한 산수유나무숲에서도 '임금님 귀는 길다'라는 비밀은 계속 폭로되었습니다.

현재 각 대학교의 '대나무숲'이라는 익명 게시판이나 직장인들이 가입하여 운영되는 익명 게시판이 있습니다. 모두 익명으로, 학교나 회사의 문제가 있을 때 내부고발이 이루어지고 있습니다. 경문왕 이야기의 '대나무숲'에서 이름을 따온 것이라고 할 수 있죠.

경문왕의 고사 때문에 언제부턴가 대나무숲은 익명 게시판의 대명사가 되었습니다.

'임금님 귀는 당나귀 귀' 이야기 속 대나무숲이 상징하는 것은 민중들입니다. 바람에 흔들리는 수많은 대나무가 합창하는 임금님의 비밀은 누가 폭로했는지 알 수가 없습니다. 언제나 권력자들은 자신에 대한 비판을 못 견디고 대나무숲을 없애버리지만 그 자리를 대신한 산수유나무숲 역시 진실을 말한다는 이야기에서 우리는 교훈을 얻을 수 있습니다. 아무리 대나무숲을 없애버려도 '임금님 귀는 길다'라는 진실은 없앨 수 없습니다. 또한 권력자가 아무리 비판을 못하도록 억압하더라도 '임금님 귀는 당나귀 귀'라는 힘찬 바람 소리는 계속될 것입니다.

II.

정의로운
고려사

1.

미륵이 된 독재자의 말로

후고구려를 세운 궁예는 집권 말기에 들어 자신이 미륵이며 신통력, 즉 다른 사람의 마음을 볼 수 있다는 이른바 '관심법'이라는 초능력이 있다고 주장하기 시작합니다. 먼저 『삼국사기』의 다음 기록을 봅시다.

궁예 벽화. 경기도 안성 칠장사 소재.

정명(貞明) 원년(915)에 부인 강씨(康氏)가 왕이 도리에 어긋난 일을 많이 행하자 정색으로 간쟁하였다. 왕이 그녀를 미워하여 말하기를, "네가 다른 사람과 간통하였으니 어찌 된 일인가?"라고 하였다. 강씨가 말하기를, "어찌 그런 일이 있었겠습니까?"라고 하니 왕이 말하기를, "나는 신통력[神通]으로 보았다"라고 하였다. [중략] 이후 의심이 많아지고, 돌연 화를 내어 모든 관료, 장수, 아전들과 아래로 평민에 이르기까지 죄 없이 죽임을 당하는 경우가 매우 자주 있었다. _『삼국사기』 권 제50 열전 제10 궁예 열전 중

궁예 도성 복원 모형 강원도 철원군청 소재.

　위 기록에 따르면 궁예는 왕비 강씨가 간통했다고 의심하고 그 근거로 '신통력으로 보았다'라고 말하며 결국 왕비를 죽이고 두 아들까지 죽였습니다. 여기서 신통력은 이른바 관심법입니다. 이렇게 궁예 자신은 다른 사람의 마음을 볼 수 있는 능력을 갖추고 있다고 주장하며 사람들을 함부로 죽이기 시작합니다. 이러한 궁예의 모습은 사실 정신질환자의 모습이라고 할 수 있습니다. 자신이 미륵, 즉 부처님이라는 과대망상증, 자신의 부인이 간통했다는 의처증, 다른 사람들을 믿지 못하는 의심증, 돌연 화를 내어 사람들을 죽이기까지 하는 분노조절장애 등의 증세는 궁예가 전형적인 정신질환을 앓고 있었음을 보여줍니다. 이를 뒷받침하는 『고려사』의 기록을 다시 봅시다.

　이때 궁예(弓裔)가 반역죄를 터무니없이 얽어 하루에도 100여 명을 죽이니 장수나 재상 가운데 해를 입는 자가 열에 여덟아홉이었다. [궁예는] 늘 스스로, "나는 미륵관심법(彌勒觀心法)을 체득하여 부녀자들이 몰래 간통을 한 것도 알 수 있다. 만일 나의 관심법에 걸리는 자가 있으면 곧 엄벌에 처하리라"하고 말하였다. [중략] 태조를 노려보며 말하기를, "경(卿)이 어젯밤 사람들을 불러 모아 반역을 꾀한 것은 어찌 된 일인가?"라고 하였다. 태조가 얼굴빛을 변하지 않고 몸을 돌려 웃으며 말하기를, "어찌 그럴 리가 있습니까?"라고 하자, 궁예가 말하기를, "경은 나를 속이지 말라. 나는 관심법을 할 수 있으므로 알 수 있다. 내가 이제 입정(入定)하여 살핀 후에 그 일을 밝히겠다'라고 말하고, 곧 눈을 감고 뒷짐을 지더니 한참 동안 하늘을 우러러보았다. 그때 장주(掌奏) 최응(崔凝)이 옆에 있었는데, 일부러 붓을 떨어뜨리고 뜰에 내려와 주우면서 인하여 태조의 곁을 빠르게 지나며 작게 말하기를, "복종하지 않으면 위태롭습니다'라고 하였다. 태조가 그제야 깨닫고 말하기를, "신(臣)이 참으로 반역을 꾀하였으니 죄가 죽어 마땅합니다'라고 하였다. 궁예가 크게 웃으며 말하기를, "경은 정직하다고 할 만하다'라고 하면서 곧 금은으로 장식한 안장과 고삐를 내려주며 말하기를, "경은 다시는 나를 속이지 마시오'라고 하였다.

_『고려사』 권1 세가 권 제1 태조 총서 914년 미상 기사 중

위 기록에 따르면 궁예는 자신이 미륵관심법이라는 초능력을 갖고 있다고 주장하며 하루에도 100여 명을 반역죄로 몰아 죽이는 만행을 저질렀습니다. 이러한 궁예의 살인 행각에 태조 왕건 역시 그 피해자가 될 뻔한 사건이 일어납니다. 궁예가 왕건을 반역죄로 몰아가려 하자 왕건은 당연히 부인하였습니다. 그러자 궁예는 다시 관심법을 한다며 눈을 감고 관심법을 하는 척합니다. 이때 장주(왕명 출납을 맡은 관직, 즉 현대의 대통령 비서관과 같죠) 최응이 일부러 붓을 떨어뜨리고 왕건에게 접근하여 반역을 인정하라고 충고합니다. 이 충고대로 왕건은 반역을 인정합니다. 그러자 궁예는 크게 웃으며 왕건이 정직하다고 칭찬까지 하며 "경은 다시는 나를 속이지 마시오'라고 말하며 용서합니다. 그렇다면 궁예는 왜 왕건을 살려주었을까요? 그 이유는 다시 말하지만 궁예가 정신질환자였기 때문입니다. 궁예는 스스로 미륵 부

처님이라고 생각하는 과대망상증 환자였습니다. 부처님은 인간을 뛰어넘는 신적인 존재이기 때문에 초능력 하나쯤은 있어야 했죠. 그래서 생각해 낸 것이 바로 '관심법'이었습니다. 다른 사람의 마음을 볼 수 있다는 증거로 자신의 부인을 간통했다고 하고, 신하들이 반역을 꾀했다고 주장한 후에 이를 부정하면 모두 죽여서 '관심법'이라는 초능력을 합리화하였습니다. 그런데 왕건이 궁예 자신의 관심법을 처음으로 인정해 준 것입니다. 즉 자신이 미륵 부처님이라는 확실한 증거가 바로 왕건이 된 것입니다. 그렇기 때문에 궁예는 크게 웃으며 왕건을 용서할 수 있었습니다. 그러나 궁예의 관심법으로 본 역모는 아이러니하게도 미래에 실제로 벌어지게 됩니다. 다시 『고려사』의 기록을 봅시다.

> 6월 을묘에 이르러 기장(騎將) 홍유(洪儒)·배현경(裵玄慶)·신숭겸(申崇謙)·복지겸(卜智謙) 등이 비밀리에 모의하여 밤에 태조(太祖)의 집으로 찾아가 왕으로 추대할 뜻을 함께 말하였다. [중략] 궁예는 산골짜기에 숨어 이틀 밤을 묵다가 굶주림이 심해지자 보리 이삭을 몰래 잘라 먹었다가, 부양(斧壤) 백성에게 해를 입었다. ＿『고려사』 권1 세가 권 제1 태조 총서 918년 6월 14일 기사 중

위 기록에 따르면 왕건을 왕으로 추대하는 쿠데타가 발생하자 궁예는 궁궐을 빠져나와 산골짜기에 숨어서 굶주리며 이틀 밤을 지내다가 결국 허기를 참지 못하고 보리 이삭을 몰래 잘라 먹다가 발각되어 부양(斧壤) 지역 백성들에게 죽임을 당했습니다. 부양(斧壤)은 현재 북한 지역으로 강원도 평강군입니다. 궁예가 왕이었던 태봉의 수도 철원군의 인근 지역이죠. 즉 궁예가 궁궐을 빠져나와 이틀 동안 허겁지겁 도망친 곳이 현재 평강군이었고, 허기에 지친 궁예는 보리를 훔쳐 먹다가 결국 성난 백성들에게 붙잡혀 살해당한 것입니다. 역사 속 독재자 중에는 많은 국민을 함부로 죽이다가 분노

한 시민들의 혁명을 초래하고, 결국 평범한 국민에게 붙잡혀 비참한 최후를 당한 경우가 많이 있습니다.

지금까지 살펴본 바와 같이 궁예 역시 많은 신하와 백성들을 함부로 죽인 독재자였습니다. 왕건을 왕으로 추대한 쿠데타에 제대로 대항하지도 못하고 도망치다가 결국엔 백성들에게 붙잡혀 죽임을 당한 궁예의 말로는 독재자에게 가장 어울리는 결말이라고 할 것입니다. 궁예의 관심법은 폭정의 도구였습니다. 궁예는 자신이 미륵불이라고

해인사 건칠 희랑대사 좌상 경남 합천 해인사 소재. 후백제군과 전투를 벌이던 왕건이 위기에 몰렸을 때 당시 해인사 주지 희랑대사가 승병을 보내 후백제군을 물리쳤다는 전설이 남아 있죠.

주장하며, 관심법을 통해 신하들의 마음을 읽을 수 있다고 윽박질렀습니다. 그리고 이러한 관심법으로 자신에게 반대하는 자들을 모조리 죽이거나 고문하였습니다. 즉 궁예의 관심법은 사람의 마음을 알아내기 위한 것이 아니라, 자신의 권력을 강화하기 위한 폭정의 도구였다는 것을 알 수 있습니다. 궁예의 관심법은 결코 진정한 지혜나 능력이 아니었습니다. 그는 자신의 출신과 성과에 만족하지 못하고, 미륵불이라는 거짓말로 자신을 위장하였습니다. 그는 자신의 권력욕과 탐욕에 눈이 멀어, 사람들의 마음을 이해하거나 존중하지 않았습니다. 관심법으로 사람들을 협박하고 억압하면서, 스스로 신성화하려 했습니다. 그러나 궁예의 관심법은 결국 그를 망치게 되었습니다. 자신의 관심법으로 인해 사람들의 믿음을 잃고, 외로운 죽음을 맞이하였습니다. 궁예의 관심법은 우리에게 교훈이 됩니다. 궁예의 관심법처럼 거짓과 폭력으로 국민을 다스리려는 통치자가 있다면, 결국엔 부메랑으로 돌아와 국민에 의해 쫓겨나게 될 것이라는 교훈입니다.

2.

문제는 지도층이다

13일 방영된 문화방송 <피디수첩> '문제는 지도층이다' 편에서 제작진은 참여연대 부설 참여사회연구소에 의뢰해 각종 인물 데이터베이스와 문서 자료, 신문에 난 인물동정란 등을 종합적으로 분석한 결과를 내놓았다. … 60~70년대에는 재계와 정계 사이의 결혼이 대세였지만 세대를 거칠수록 재벌끼리의 혼사가 늘었으며 구제금융 뒤에는 재벌 3세대 간의 혼인이 주종을 이루고 있다고 분석했다. 재벌가의 연령별 혼인 상대를 보면 △20~30대는 정·관계 16%, 재계 60% △40대는 정·관계 14%, 재계 37% △50대는 정·관계 23%, 재계 29% △60대는 정·관계 13%, 재계 26% 등이었다. … 최진용 책임피디는 "그동안 우리 사회의 여러 차례의 개혁 시도가 실패한 이유가 개혁을 원하지 않는 기득권 세력들이 혼맥을 통한 거대한 망을 형성하고 저항하기 때문이라는 사실을 알 수 있다"라며 "짐작은 했지만 이런 정도까지 공고할 줄은 몰랐다"고 말했다.

_<한겨레신문> 2004년 1월 15일 기사 중

위 기사처럼 재벌, 정치인 등의 결혼은 그들의 권력을 더욱 굳건히 만들어 주는 네트워크입니다. 그리고 그들은 더욱더 네트워크를 강화하고 있습니다. 2004년 당시 재벌들의 결혼 상대가 재계, 정관계를 합하여 76%입니다. 바로 이 숫자가 그 증거입니다. 이러한 결혼 네트워크를 이용하여 자신들의 권력을 견고히 한 세력 중 대표적인 것이 고려 시대 문벌귀족입니다. 문벌귀족들은 같은 문벌귀족이나 왕실과 혼인 관계를 맺어 권력을 유지하고 강화해 나갔습니다. 그중 대표적인 것이 바로 경원 이씨 가문입니다.

이자겸의 난 묘사 그림 인종의 측근 홍관의 사적을 모은 책 『홍충평공사적고』에 실려 있습니다.

고려 인종 때 '이자겸의 난'이 있었습니다. 이자겸은 경원 이씨 가문의 대표로서 당시 왕보다 더 강한 권력을 휘둘렀습니다. 경원 이씨 가문은 80여 년간 왕비들을 배출하면서 권력을 강화했던 가문으로 이자겸 대에 와서는 딸들을 왕들에게 시집보내어 왕들의 장인으로 더욱 강한 권력을 굳혔습니다. 먼저 이자겸은 자신의 둘째 딸을 예종의 왕비로 만들었고, 그 사이에서 태어난 사람이 바로 인종입니다. 예종이 죽자 또다시 왕의 장인이 되어 권력을 계속 유지하기 위해 이자겸은 자신의 셋째 딸과 넷째 딸을 인종에게 시집보내는 무리수를 둡니다. 고려가 근친혼이 이루어지는 사회였다고 하더라도 삼촌과 조카, 이모와 조카가 결혼하는 경우는 비정상적인 경우였습니다. 그런데 인종은 친이모, 그것도 두 명의 이모와 결혼하게 되었기 때문에 당시에도 손가락질받는 일이었습니다. 이렇게 또다시 왕의 장인이 되어 막강한 힘이 더해지자 이자겸은 왕보다 더욱 큰 권력을 갖게 되었습니다.

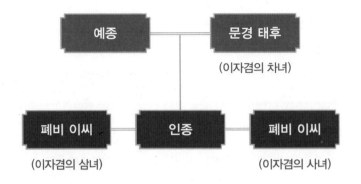

인종의 가계도 예종과 문경태후(이자겸의 둘째 딸)의 사이에서 태어난 인종은 이자겸의 셋째 딸, 넷째 딸 즉 이모들과 결혼하였죠.

이에 인종의 측근 세력들은 이자겸 세력을 제거하기 위해 먼저 공격을 시작하였습니다. 그러나 공격은 실패로 끝나고, 이자겸 세력의 반격으로 인종은 죽을 위기에 처합니다. 그러나 이자겸은 신하들의 반대 때문에 인종을 죽이고 왕이 되는 데는 실패합니다. 하지만 이미 왕에게 남은 힘은 없었고, 인종만 죽으면 왕의 자리는 이자겸에게 굴러오게 되어 있었습니다. 그래서 이자겸은 인종의 왕비였던 넷째 딸을 통해 인종을 독살하려던 계획을 실행합니다. 그러나 넷째 딸의 방해로 계획은 계속 실패했죠.

이렇게 속수무책으로 당하고 있던 인종은 묘수를 생각해 냅니다. 이이제이(以夷制夷), 오랑캐로 오랑캐를 제압한다는 뜻이죠. 당시 이자겸의 오른팔로 권력 서열 2위의 척준경에게 밀지를 내립니다. 그 내용은 척준경이 이자겸을 제거하면 그에게 권력을 주겠다는 제안이었습니다. 척준경이 이자겸과 관계가 불편해졌다는 것을 알고 있었지만, 척준경이 자신의 제안을 거부하면 바로 죽음이었습니다. 그러나 인종은 승부수를 던졌습니다. 척준경은 인종의 제안을 믿고 이자겸을 제거합니다. 그런데 척준경의 예상과는 달리 권력은 그에게 오지 않았고, 오히려 인종의 뜻에 따르는 정지상의 탄핵으로 척준경도 유배를 갔다가 병사하며 이자겸의 난은 실패로 끝이 나게 됩니다.

그렇다면 척준경은 도대체 어떤 인간이었을까요? 척준경은 본래 윤관 장군을 도와 여진족 정벌을 한 공이 큰 장군이었습니다. 이자겸과는 사돈으로 맺어진 관계로 이자겸과 함께 권력을 휘두르던 서열 2위의 실력자였습니다. 이자겸의 난에 앞장을 서서 궁궐에 화공을 가하며 난을 성공으로 이끌었던 이자겸의 오른팔이었습니다. 그런데 그는 좀 단순하고 순진한 성정이었습니다. 인종이 측근을 통해 척준경에 내린 밀지에 "이자겸은 특히 궁 안의 세력에 의지할 뿐이고 신의가 없으니 좋거나 나쁜 일을 함께할 수 없습니다"라는 뜻을 전달받고 이자겸을 제거하였습니다. 그러나 척준경이 착각한 것이 있었습니다. 척준경의 권력은 이자겸에게서 나왔던 것이지 자신의 권력이 아니었다는 것이죠. 척준경은 좋은 집안도, 좋은 머리도, 자신을 뒷받침해 줄 세력도 변변치 않은 자수성가형 인물이었습니다. 즉 호랑이 옆에서 권력을 누리던 여우가 호랑이를 죽이면 자신이 왕이 될 것이라고 착각했던 것과 같은 것이죠.

실제로 척준경은 이자겸을 제거하고 그다음 해 "5월에 했던 일(이자겸을 제거한 일)은 일시적인 공적이나 2월의 일(이자겸의 난 때 궁궐을 침범하고 불사른 일)은 만세의 죄입니다"라는 정지상의 탄핵을 받아 엄타도로 유배되었다가 곡주로 다시 옮겼으나 화병이 나서 등창으로 죽었습니다. 척준경은 이자겸만 없으면 자신이 일인자가 될 것으로 생각했습니다. 그러나 그의 세력이 없었던 태생적 한계로 인해, 그가 권력을 잡았지만 아무도 그를 권력자로 인정하지 않았던 것입니다. 새파랗게 젊은 애송이 정지상의 탄핵 한 방에 떨어져 나갈 정도로 그의 권력을 누구도 인정하지 않았습니다. 권력은 자기가 갖고자 한다고 하여 얻을 수 있는 것이 아니라는 것을 보여주는 대표적 사례가 바로 척준경입니다.

지금까지 살펴본 것처럼 이자겸의 난이 진압되는 과정에서 문벌귀족들이 서로 분열하고 배신하는 모습을 확인할 수 있습니다. 앞서 언급한 대로 척준경에게 인종의 밀지를 전한 최사전은 "이자겸은 특히 궁 안의 세력에 의지할 뿐이고 신의가 없으니 좋거나 나쁜 일을 함께할 수 없습니다"라고 척준경에게 말하였습니다. 이 말의 속뜻은 이자겸이 왕실과의 혼인에 집착하여 무리한 근친혼까지 추진하면서 다른 문벌귀족들에게 신의를 잃었다는 것입니다. 즉 이자겸의 지나친 근친혼 등 무리수가 그가 실패한 원인이 되었다고 볼 수 있습니다.

지나친 욕심이 화를 부른다는 것은 지금의 사회 지도층들에게도 똑같이 적용됩니다. 욕심은 인간의 본성이지만, 그것이 과도하게 증가하면 자신이 속한 사회에 큰 해를 끼칠 수 있습니다. 특히 욕심이 많은 지도자들이 권력을 남용하거나 부정적인 행위를 하기 쉽다는 것은 역사의 교훈이기도 합니다. 지도층은 사회에 큰 영향력을 갖고 있기 때문에, 그들은 자신들의 책임과 역할을 잘 수행해야 합니다. 가문끼리의 결혼을 통해 자신들의 기득권을 지키려 한다면 세계와 경쟁해야 하는 현대 사회에서 무슨 경쟁력을 가질 수 있을까요? 진짜 문제는 지도층입니다.

3.

왜 백성들은
몽골군을 환영하였을까?

고려 대몽항쟁기는 몽골의 침략에 시달리는 어려운 시기였습니다. 이 항쟁은 우리 역사상 가장 오랫동안 지속된 전쟁이었으며, 고려의 독립과 자주를 지키기 위해 목숨을 건 항전이 이루어졌습니다. 그러나 이 항전의 주역은 당시 지배자였던 최씨 정권이 아니라, 사회적으로 천대받던 평민과 천민들이었습니다. 최씨 정권은 몽골의 침략에 대처하기 위해 강화도로 천도하였지만, 자신들의 안전과 권세와 이익을 유지하려 했을 뿐입니다. 이러한 최씨 정권의 태도와 행위는 고려의 국가적 독립성과 민족적 자긍심을 훼손하는 짓이었습니다.

먼저 최씨 정권은 몽골의 침략에 대해 자신들이 앞장서서 대항하지 않고, 강화도로 천도하여 안전을 도모했습니다. 최우는 강화도에서 수십 년간 집권했으나, 실제로는 몽골과 교전하는 일은 거의 없었습니다. 그는 당시 고려의 대부분 영토와 백성들을 버리고, 자신들의 권세와 부를 지키기 위해 강화도에 숨어 있었던 것입니다. 한편, 최씨 정권은 항전의 주역인 천민들을 압박하고 박해했습니다. 대몽 항쟁에서 고려의 독립과 자주를 위해 목숨을 건 항전은 사회적으로 천대받던 천민들에 의해서 수행되었습니다. 최씨 정권은 이러한 백성들의 항전을 인정하지 않고, 오히려 자신들의 권세와 부를 유지하기 위해 백성들을 압박하고 박해한 것입니다. 예를 들어, 최우는 대장경의 재조를 추진하여 이른바 팔만대장경을 조판했는데, 이는 백성들에게서 착취한 세금으로 조성된 것이었습니다. 최우는 이 팔만대장경으로 자신들의 권위와 부를 과시하고, 몽골을 부처님의 힘으로 물리칠 수 있다는 신앙을 통한 보호를 기대하는 어리석음을 보였습니다. 몽골이 고려를 30년이 넘도록 유린할 때 나라를 위해 목숨을 바쳐 용감하게 싸운 사람들은 힘없는 평민들과 가장 천대받던 천민, 노비였습니다. 먼저 그 항쟁의 기록들을 봅시다.

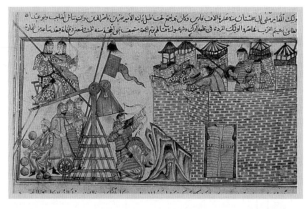

몽골군이 투석기를 사용하여 성을 공격하는 모습. 1347년 몽골군이 현재 크림반도에 있는 페오도시야를 공격합니다.

몽고군이 오자 김윤후는 처인성(處仁城)으로 피난하였다가 몽고 원수(元帥) 살례탑(撒禮塔, 살리타이)이 와서 성을 공격하니 김윤후가 그를 사살하였다. [중략] 몽고군이 쳐들어 와 충주성을 포위하기를 70여 일간 하니 군량을 저축한 것이 거의 바닥났다. 김윤후가 괴로워하는 군사들을 북돋아 말하기를, "만약 힘을 내어 싸울 수 있다면, 귀천을 가리지 않고 모두 관작을 제수하려 하니 너희는 불신함이 없도록 하라"고 하고는 드디어 관노(官奴) 문서를 취해 불사르고 또 노획한 우마를 그들에게 나누어 주었다. 사람들이 모두 죽음을 무릅쓰고 적에게 다가가니 몽고군은 조금씩 기세가 꺾였고 결국 남쪽을 도모할 수 없었다.

_『고려사』권103 열전 권 제16 제신(諸臣) 김윤후 열전 중

위 기록의 몽골군 총사령관 살리타이를 죽인 사람은 김윤후입니다. 그런데 이 사건이 일어난 장소가 바로 처인성으로 당시 처인부곡이었습니다. 고려 당시에는 향, 부곡, 소라는 특수행정구역이 있었습니다. 그런데 이 특수행정구역은 일반 지역과는 달리 차별당하는 지역이었는데 살리타이 사살의 공으로 처인부곡은 처인현으로 승격하였습니다. 차별당하고 천시당하던 처인부곡의 주민들이 승려 김윤후를 중심으로 한 승병들과 힘을 합하여 싸운 결과 살리타이를 죽이고 몽골군을 격퇴하는 공을 세웠던 것이죠. 김윤후는 20여 년 후 충주성을 지키는 장군이 되어 70여 일간 몽골군에게 맞서 싸웠습니다. 군량미가 바닥나 사기가 떨어진 군사들의 사기를 올리기 위해 김윤후는 관노비 문서를 불태웠습니다. 이를 보면 당시 충주성 군인들의 주력은 관노비라고 생각할 수 있습니다. 사회적으로 천대받던 노비들이 충주성 싸움도 승리로 이끌었던 것이죠. 다시 다음 기록을 보겠습니다.

몽고군이 이르자 우종주·유홍익과 양반 등은 모두 성을 버리고 달아났다. 오직 노군(奴軍)·잡류(雜類)가 힘을 합하여 격퇴하였다. 몽고군이 물러가자 우종주 등이 주(州)에 돌아와 관가와 사가의 은그릇을 점검하였다. 노군(奴軍)들은 몽고군이 약탈하여 갔다고 말하였다. 호장(戶長) 광립(光立) 등 5, 6인이 노군의 괴수를 죽이려고 은밀히 모의하였다. 노(奴)의 무리가 이를 알

고 서로 모의하여 말하기를, "몽고군이 당도하자 모두 달아나 숨어 지키지 않더니, 어찌하여 몽고인이 약탈한 것을 도리어 우리들에게 죄를 돌려 죽이려고 하는가. 어찌 먼저 도모하지 않겠는가"라고 하였다. 이에 장사(葬事)에 참여하는 것처럼 거짓으로 꾸미고 나발을 불어 그 무리를 모았다. 먼저 주모자(主謀者)의 집에 가서 불을 지르고, 무릇 평소 원망이 있는 호강(豪强)들을 찾아내어 남김없이 죽였다.

_『고려사절요』 권16 고종 19년 1월 미상 기사 중

위 기록에 따르면 고종 19년(1232) 몽골의 침략에 양반 등 지배 세력은 모두 도망쳤는데, 노군, 잡류가 힘을 합하여 몽골군을 물리쳤다는 것입니다. 노군은 관청에서 일하던 노비로 이루어진 군대이고, 잡류는 관청에서 잡역을 하던 사람들이었는데 모두 천한 대우를 받던 천민과 평민들이었던 것으로 보입니다. 그러나 도망쳤던 양반들이 돌아와 관청과 양반집에 있던 은그릇을 천민들이 훔쳐 갔다고 누명을 씌어 몽골군을 물리친 공을 세운 천민들을 오히려 탄압하려고 합니다. 이에 분노한 천민들은 반란을 일으켜 저항했던 것입니다.

당시 집권층이었던 최씨 정권은 강화도로 도망가 자신들의 안전만을 생각했습니다. 이들은 몽골군이 쳐들어오면 강화도에 숨어 있다가 몽골군이 물러가면 자신들의 사냥개인 삼별초를 육지로 보내어 전란에 지친 백성들을 쥐어짜고 족쳐서 목숨 걸고 숨겨둔 식량과 공물을 빼앗았습니다. 이러한 일들이 계속되면서 나중엔 백성들이 몽골군의 침략을 환영하는 일까지 벌어졌습니다.

몽고군 때문에 6도에 선지사용별감(宣旨使用別監)을 보내는 것을 멈추었다. 이때 사신의 임무를 받든 자가 백성들을 불법적으로 수탈하여 (바처) 은

총을 굳게 하였다. 백성이 그것을 매우 괴로워하여, 오히려 몽고 군대가 오는 것을 기뻐하였다.

_『고려사절요』권17 고종 43년 2월 미상 기사 중

이와 같이 백성들이 몽골군을 환영하는 일까지 벌어진 이유는 최씨 정권이 백성들의 삶을 고려하지 않고, 나라의 안팎에 위기를 초래했기 때문입니다. 최씨 정권은 나라와 백성을 위한 정치가 아니라, 자신들의 이익과 권력을 위한 정치를 하였습니다. 이러한 최씨 정권은 고려 역사상 가장 비난받아야 할 정권이라고 할 수 있습니다. 이 상황을 짐작할 수 있는 내용을 살펴봅시다.

최이가 사제(私第)를 짓는데, 도방(都房)과 4영군을 부려 옛 수도의 재목을 실어 왔다. 또 소나무와 잣나무를 많이 뽑아다가 정원 안에 옮겨 심었는데, 모두 배로 실어 오니 인부들 중에서 물에 빠져 죽은 사람이 많았다. 그 정원의 숲은 몇십 리에 달하였다. 최이가 서산(西山)에다 민을 동원하여 사적으로 얼음저장소를 만드니 민들이 큰 고통을 겪었다. 또 안양산(安養山)은 강화도에서 며칠이나 걸리는 곳이었지만, 최이는 문객 장군 박승분(朴承賁)을 보내 잣나무를 뽑아다가 심게 하였다. 마침 그때 혹한이 닥쳐 인부들 중에 얼어 죽는 사람이 생겼고, 그 길옆의 주군에 사는 사람들은 집을 버리고 산에 올라가 노역을 피하였다. 어떤 사람이 승평문(昇平門)에 방을 붙여 말하기를, "사람과 잣나무 중에서 누가 소중한가?"라고 하였다.

_『고려사』권129 열전 권 제42 반역 최충헌 최이 열전 중

위 기록에 따르면 최우는 강화도에 자신의 집을 지을 때 정원을 꾸미기 위해 소나무, 잣나무 등을 배로 실어 왔는데, 그 나무들로 꾸민 정원의 길이

아집도대련 리움 미술관 소장. 왼쪽 그림은 귀족들 옆에서 노비들이 시중을 들고 있는 장면으로, 키우는 학들과 말이 그려져 있죠. 오른쪽 그림은 귀족들이 노비들이 들고 있는 그림을 감상하고 있는데, 키우고 있는 학과 사슴의 모습들도 보입니다.

가 몇십 리에 달하였다는 것이죠. 또 최우의 개인 얼음저장소를 만들 때도 겨울 날씨에 백성들이 큰 고통을 겪었다고 합니다. 또한 집의 후원에 심을 잣나무를 육지에서 강화도로 옮기는 과정에서 한겨울에 얼어 죽은 백성들이 나오자 "사람과 잣나무 중에서 누가 소중한가?"라고 벽서가 나붙을 정도였습니다. 다시 다음 기록을 보겠습니다.

최이는 잔치와 음악을 좋아하여, 사람들을 모아놓고 술을 마시는데 절도가 없었다. 어떤 때는 자기 집에서 3품 이상들에 잔치를 베풀거나 어떤 때는 재추 및 문무 4품 이상들에 잔치를 열었는데, 종일 노래를 부르고 풍악을 울렸으며, 어떤 때는 한밤중에 파하기도 하였다. 한번 재추와 여러 장군 등 46명을 불러놓고 잔치를 열었는데, 술이 취하자 어사중승 장군(御史中丞將軍) 임재(林宰)가 술잔을 잡고 광대춤을 추었으니 보는 사람들이 [이를] 추한 짓이라고 하였다. 또 양부 및 여러 장군들과 잔치를 열고는 너무 즐거운 나머지 악공들에게 당악(唐樂)을 연주시켰는데, 하늘에서 갑자기 천둥 번개가 쳤으므로 최이가 두려워서 음악을 중지하였다.

_『고려사』 권129 열전 권 제42 반역 최충헌 최이 열전 중

위 기록에 따르면 최우는 성대한 잔치와 음주가무를 좋아했던 것으로 보입니다. 그러나 민심은 천심이라는 말처럼 여러 장군들과 잔치를 열었는데 하늘에서 갑자기 천둥 번개가 치자 최우가 겁을 먹고 음악을 중지시켰다는 이야기는 최우 자신도 자신의 행동이 잘못되었음을 알고 있었다는 반증이라고 할 것입니다. 이렇게 민심을 잃은 최씨 정권은 결국엔 무너지고, 고려는 결국 대몽 항쟁을 항복하며 끝을 맺었습니다. 지배층이 자신들의 안전만을 생각하고 도망친다면 백성들은 나라를 위해 목숨 바쳐 싸울 필요가 없다고 생각하게 됩니다. 게다가 지배층이 안전한 곳에서 호화로운 사치를 일삼고, 풍족한 생활을 유지하기 위해 백성들을 착취한다면 민중들은 결국 정권에 등을 돌릴 수밖에 없는 것입니다.

4.

삼별초는 최씨 정권의
친위부대였다

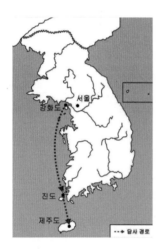

〈제○회 정기 답사 계획〉
○ 주제 : 삼별초의 항쟁
○ 집결 장소 : 강화도 외포리 선착장
○ 주요 답사지
   – 강화도 : 망양돈대 → 대몽 항쟁비
   – 진 도 : 용장산성 → 배중손 사당
   – 제주도 : 붉은 오름(김통정 사망 추정지) → 항파두리 유적지

    삼별초는 몽골 침략에 맞서 끝까지 저항하던 고려의 무장 세력으로 이른바 '삼별초의 항쟁'으로 알려져 있습니다. 원래는 최우가 도둑을 막기 위해 설치한 야별초에서 유래했으며, 나중에 좌별초, 우별초, 신의군으로 나뉘어 삼별초라 불렀습니다. 삼별초는 치안을 맡은 경찰의 역할과 몽골의 침략에 맞서 싸우는 군대의 역할을 하는 등 공적인 성격도 있었지만 최씨 정권

을 유지하고 강화하는 역할을 했던 사병 성격의 집단이기도 합니다. 삼별초는 대몽항쟁기 몽골의 침략에 맞서 결사적으로 저항했고, 고려 정부의 항복 이후에는 자신들이 고려의 정통 정부임을 주장하면서 일본과 사절을 교환하는 등 외교 활동도 했습니다. 이런 점으로 본다면 삼별초는 고려의 자주성을 지키려 한 용감한 전사들로서 칭송받을 만합니다. 그러나 삼별초는 최씨 정권과 무신들의 사병 집단으로서 왕권을 약화시키고, 정치적 분열과 혼란을 야기했습니다. 먼저 『고려사』의 다음 기록을 봅시다.

> 처음에 최우(崔瑀)가 나라 안에 도적이 많음을 근심하여 용사(勇士)들을 모아 매일 밤 순행(巡行)하면서 포악한 짓들을 금하였는데, 이로 인하여 이름을 야별초(夜別抄)라고 하였다. 도적들이 여러 도(道)에서도 일어났으므로 별초(別抄)를 나누어 보내 이들을 잡게 하였다. 그 군사(軍士)가 매우 많아 마침내 나누어 좌우(左右)로 삼았다. 또 우리나라 사람으로서 몽고(蒙古)로부터 도망쳐 돌아온 자들을 한 부대로 삼아 신의군(神義軍)이라고 불렀는데, 이들이 삼별초(三別抄)가 되었다. 권신(權臣)들이 권세를 잡아 이들로써 조아(爪牙)로 삼고 녹봉(祿俸)을 후하게 주거나 혹은 사사로운 은혜를 베풀기도 하였으며, 또 죄인들의 재산을 몰수하여 이들에게 주기도 하였다. 그러므로 권신들이 마음대로 부렸고 그들은 앞을 다투어 힘을 다하였는데, 김준(金俊)이 최의(崔竩)를 죽이고, 임연(林衍)이 김준을 죽이고, 송송례(宋松禮)가 임유무(林惟茂)를 죽이는 데에 모두 그들의 힘을 빌렸다.
>
> _『고려사』권81 지 권 제35 병1 병제 1270년 5월 미상 기사 중

위 기록에 따르면 '나라 안에 도적이 많음을 근심하여' 삼별초를 만들었음을 알 수 있습니다. 그런데 이때 왜 이렇게 도적들이 많았을까요? 그 이유는 이때가 무신 정권이었기 때문입니다. 현대사의 박정희, 전두환 군사정

권과 비슷하다고 할 수 있습니다. 무신들은 정변에 성공한 후 권력을 장악하자 백성들을 수탈하여 재산을 늘리는 데 혈안이 되었습니다. 그래서 백성들은 굶주리다 못해 권세가의 집을 습격하는 일이 많았던 것이죠. 이런 이유로 최우는 야별초를 만들고 이들로 하여금 도둑을 막게 하였습니다. 한마디로 지배층을 지키는 군대라고 생각할 수 있습니다. 그런데 또 다른 의문이 남습니다. 그래도 그렇지, 도둑을 잡기 위해서 특별히 군대를 설치하다니 좀 심한 게 아니냐는 의문이죠. 하지만 그 당시 최우의 입장은 달랐습니다. 그냥 좀도둑이 아니라 지배층의 수탈에 저항하는 민중이었던 것입니다. 이런 민중의 힘을 누르기 위하여 야별초라는 군대를 만들어서 민중을 강압하기 위한 수단으로 사용했던 것입니다. 현대의 군사정권 시기에도 집권자와 그 하수인들은 정변에 성공한 후 권력을 장악하자 각종 비리와 뇌물을 받으며 재산을 늘리는 데 골몰했습니다. 이러한 부정부패는 군사정권이 국민에게 신뢰를 잃게 된 중요한 이유이기도 합니다.

이와 같이 삼별초는 최씨 정권의 사실상 사병이었고, 최씨 정권에 반대하는 세력은 언제나 삼별초의 제거 대상이었습니다. 그리하여 최씨 정권은 삼별초에 '녹봉(祿俸)'을 후하게 주거나 혹은 사사로운 은혜를 베풀기도 하였으며, 또 죄인들의 재산을 몰수하여 이들에게 주기도' 하는 등 여러모로 배려하였습니다. 그런데 몽골이 쳐들어왔습니다. 최우는 강화도로 천도를 단행하였습니다. 그것은 몽골에 저항하는 의도보다도 정권의 유지에 더 큰 목적이 있었습니다. 당연히 삼별초도 주인을 따라 강화도로 들어갔습니다. 그 때부터 최씨 정권은 안전한 강화도 안에서 사치와 향락을 누렸고, 삼별초도 정권의 힘을 업고 권력을 누렸습니다. 그뿐만 아니라 최씨 정권은 전쟁으로 황폐화된 형편의 백성들에게 평시대로 세금을 거두는 등 가혹하게 수탈했습니다. 물론 삼별초는 수탈에 앞장서서 사냥개의 역할을 충실히 했습니다. 이런 상황을 보면서 백성들의 민심이 떠나갔습니다.

결국 최씨 정권에 내분이 일어나게 되는데, 최씨 정권의 마지막 집권자인 최의를 김준이, 김준을 임연이, 또 임유무를 송송례가 제거하는 데 모두 삼별초의 힘을 이용하였습니다. 즉 삼별초는 자기들의 손으로 자신들의 주인이었던 최씨 정권을 무너뜨리고 스스로의 내분으로 무너졌던 것입니다. 그들의 주인이었던 최씨 정권마저도 물어뜯고 자신들끼리도 싸웠다는 것은 삼별초가 권력을 유지하기 위해서는 무슨 일도 할 수 있었다는 것을 보여줍니다. 자신들의 목숨을 지키기 위해서는 그 누구도 제거할 수 있는 집단이었던 것입니다. 삼별초는 몽골과의 강화와 개경 환도에 반대하였습니다. 그들에게 강화도를 나간다는 것은 자신들의 안전을 내놓는다는 것과 같은 것이었죠. 몽골은 자신들에게 반항하여 앞장서서 싸웠던 삼별초를 절대 용서하지 않을 것이기 때문입니다. 이처럼 불안에 떨고 있던 삼별초는 마침내 폭동을 일으키고, 배중손을 중심으로 반란을 일으켰던 것입니다.

용장산성 전남 진도 소재.

이와 같이 삼별초는 민족의 자주성을 지킨 집단이라기보다는 자신들의 안전을 더 중요하게 여겼던 집단이라고 할 수 있습니다. 그렇다면 지금까지 '삼별초의 항쟁'이라는 표현이 사용된 이유는 무엇일까요? 이 표현이 쓰이기 시작한 것은 일제강점기였던 1930년대부터였습니다. 당시 식민지 상황에서 세계 최강국 몽골 군대와 항쟁한 삼별초는 우리 민족에게 민족적 자긍심을 심어주기에 적합했죠. 그러다가 박정희가 5·16쿠데타를 일으키자, 군사정권의 정통성을 마련할 목적으로 민족의 주체성 확립이라는 구호를 내걸었고, 이 때문에 자신들과 똑같은 방식으로 권력을 쟁취하려 했던 삼별초를 부각하기 시작하였던 것입니다. 더 나아가서는 고려의 무신 정권이 진취적이고 민족적인 것으로까지 묘사하려고 하였습니다. 박정희의 5·16쿠데타는 민주주의를 무너뜨리고 독재정권을 수립한 반민족적인 행위였습니다. 그래서 박정희는 삼별초 등 고려 시대의 무신들을 민족적 영웅으로 미화하고, 자신의 정권과 연결했던 것이죠. 이렇게 군사정권 시기에 삼별초는 정권 유지의 도구였던 역할은 축소되고, 민족적 항쟁이라는 찬사를 얻어왔던 것입니다. 그러나 삼별초는 민중의 고통과 억압에 무관심하였으며, 자신들만의 권력 투쟁에 앞장섰습니다. 이와 같은 행위를 보면 '삼별초의 항쟁'에 대해서는 비판적인 입장에서 재평가해야 할 것입니다.

항파두리 항몽 유적지 제주도 소재.

5.

권문세족과 친일파가
살아가는 방식

고려 후기 원 간섭기와 일제강점기는 우리 역사에서 외세의 간섭과 지배를 받은 가장 어두운 시기로 평가받고 있습니다. 그리고 이 두 시기에는 외세의 침략과 간섭에 맞서야 했던 우리 민족 대다수와는 달리 외세와 협력하거나 추종하여 우리나라에 큰 해를 끼친 매국노들이 존재했습니다. 이들은 고려 시대에는 권문세족으로, 일제강점기에는 친일파로 불린 세력입니다. 그들은 역사의 죄인이라고 평가할 수 있습니다.

먼저 고려 권문세족은 고려 후기의 지배 계층으로 친원 세력이었습니다. 이들은 고려 전기의 문벌귀족, 무신 집권기의 무신, 원 간섭기의 친원파 신흥세력 등 다양한 출신이었

이조년 초상화 이조년은 원 간섭기의 문신이며 학자인데, 당시 권문세족들 사이에 유행한 몽골풍 복식을 하고 있죠. (19세기 말, 작자 미상)

지만, 공통적으로 원나라와 결탁하여 국정을 장악하고, 이를 바탕으로 대토지를 차지하여 막대한 부를 쌓았습니다. 이들은 원나라의 후원을 받아 국내에서 정치적·사회적 기반을 강화하였고, 백성들을 압박하고 박해하며, 자신들의 권세와 이익을 위해 우리 민족을 배반하였습니다.

> 근년에 이르러 겸병이 더욱 심하여져서 간악하고 흉악한 무리들은 주(州)를 타 넘고 군(郡)을 포괄하며 산과 내를 표지로 삼아 모두 가리켜 조업전(祖業田)이라고 하면서 서로 물리치며 서로 빼앗으니, 한 이랑의 주인이 5~6명을 넘고 1년에 조(租)를 거두는 것이 8~9차례에 이릅니다.
>
> _『고려사』 권78 지 권 제32 식화1 전제 녹과전 1388년 7월 미상 기사 중

위의 기록은 『고려사』 우왕 14년(1388)에 나오는 것으로 '간악하고 흉한 무리들'이란 고려 말의 개혁 대상인 권문세족입니다. 이들은 고려 후기의 정치적·경제적 특권을 독차지한 특권층이었습니다. 이들은 정치적으로 고려의 최고권력기구인 도평의사사를 장악하고 있었으며, 경제적으로는 막대한 규모의 대농장을 소유했습니다. 또한 권문세족은 고위 관직을 독점하다시피 하고 지위를 대대손손 이어갔습니다. 권문세족은 음서제를 통해 고위관직에 올랐으며 그 지위는 계승하여 가문을 형성하고 같은 권문세족들과 중첩되는 혼인을 맺어 혈연의 범위를 한정시켜 자신들의 특권을 지켜나갔습니다.

권문세족은 또한 친원파였습니다. 이들은 원 침략기 때부터 원에 빌붙어 그들의 말을 배우며 재빠르게 원의 앞잡이가 되었습니다. 대몽 항쟁이 끝난 후 원의 영향력이 고려에 미치고 있던 당시에 긴밀한 대원 관계의 전개 과정에서 더욱 부상한 원의 앞잡이들은 원과 결탁하는 형식으로 원의 관직을 가지는 경우도 있었으며, 원이 고려에 설치한 내정간섭 기관인 정동행성

권문세족의 특징

등의 관직을 차지하는 데도 보다 적극적이었습니다. 이렇게 이들은 원의 관직을 얻어 그 세력을 등에 지고 위세를 부리며 지위도 한층 높여갔던 것입니다.

> 제국대장공주(齊國大長公主)가 원으로 가려 하면서 염승익과 인후(印侯) 등에게 명령하여 양가(良家)의 딸을 [공녀(貢女)로] 선발하게 하였다. 염승익 등이 순군(巡軍)과 홀적(忽赤, 쿠치)으로 하여금 인가를 수색하게 하였는데, 혹은 밤중에 밀실(密室)로 돌입하기도 하고 혹은 노비를 포박해 고문하기도 했으므로, 딸이 없는 사람도 또한 놀라고 불안에 떨었으며 원망해 부르짖는 소리가 마을마다 가득 찼다.
> _『고려사』권123 열전 권 제36 폐행 염승익 열전 중

이같이 염승익 같은 몽골의 앞잡이들은 인가를 수색하며 한밤중에 밀실로 쳐들어가기도 하고, 그 집안의 노비를 포박해 고문하는 등 행패를 부렸습니다. 이러한 행패가 계속되자 딸이 없는 사람들까지 불안해할 정도였다는 것입니다. 이처럼 친원파들은 우리 민족의 여자들을 몽골인의 노리개로 갖다 바치고, 원나라에 바칠 각종 물품을 앞장서서 백성들로부터 수탈

하면서 자신들의 뱃속까지 채웠습니다. 쌍성총관부 등 우리의 국토를 몽골에 갖다 바치고, 원나라의 허락을 얻어 왕을 세우고, 몰아내고, 또 세우기를 반복하였습니다.

또한 권문세족들은 경제적인 측면에서는 대농장주였습니다. 권문세족들은 전시과 체제의 붕괴와 더불어 불법적으로 대토지를 겸병하여 대토지를 소유하였습니다. 산천을 경계로 삼을 정도의 거대한 농장을 한 명이 소유하고 있으니 그 땅에 살던 수많은 민중의 고통이 어떠했을까요? 게다가 어떤 곳은 땅 주인이 대여섯 명이나 돼 수확량의 80~90%를 세금으로 빼앗기다 보니 일반 농민들은 끼니를 잇기 어려웠습니다. 이들은 또한 막강한 권력을 이용하여 세금마저 내지 않았기 때문에 국가 재정은 더욱 악화되어 갔던 것입니다.

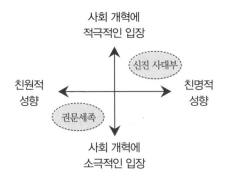

고려 후기 정치 세력 비교

권문세족과 신진사대부의 비교

그렇다면 그토록 막강했던 권문세족들은 왜 몰락했던 것일까요? 물론 여러 가지 이유가 있지만 가장 중요한 이유는 그들의 기득권을 유지하기 위해 부도덕의 극치에 이르렀기 때문입니다. 산과 강을 경계로 할 만큼 거대한 농장을 소유하면서 가난한 민중들에 대한 착취는 점점 심해져 갔습니다. 정치권력을 세습하기 위해 실력 경쟁을 거부하고 음서제라는 불공정 행위를 동원하였습니다. 자신들의 권력 유지를 위해 같은 민족을 몽골에 팔아먹었습니다. 이러한 부도덕의 극치는 한동안 계속되었습니다. 그러나 그 시간은 오래 가지 않았습니다. 그들 스스로 변했다면 기회는 있었습니다. 그러나 어떠한 기득권 세력이 그러하듯이 스스로 개혁한다는 것은 불가능했던 것입니다.

한편, 우리나라는 35년간의 일제강점기에 친일파들이 일본의 앞잡이가 되어 같은 동포를 괴롭혔습니다. 구한말부터 일제강점기까지 우리 민족 중에는 이른바 '잘 먹고 잘산' 사람들이 있었습니다. 바로 친일파입니다. 친일파란 일본의 식민지 지배에 협력하거나 호응한 사람들을 말합니다. 그들은 자신의 이익과 명예를 위해 우리 민족의 자주성과 주권을 포기하고, 동포들의 피와 땀을 약탈하고, 독립운동가들을 박해하고, 일본의 침략 전쟁에 가담했습니다. 그들은 일본의 앞잡이가 되어 우리 민족의 여자들을 일본군의 노리개로 갖다 바치고, 일본의 토지 수탈, 자원 수탈, 식량 수탈, 인력 수탈, 전쟁 참여에 앞장서서 같은 동족을 괴롭히면서 자신들의 뱃속을 채웠습니다. 또한 독립운동가들을 앞장서서 잡아들이고, 고문하고, 죽였습니다. 일제강점기 친일파는 일본이 우리나라를 침탈할 무렵 일본에 적극 협조하여 그들의 정책을 지지하거나 추종한 세력으로 한일 병합 조약에 협조하거나 참여한 자, 일본 정부로부터 작위를 받거나 일본 제국 의회 의원이 되었던 자, 독립운동가나 그 가족을 악의로 살상·박해하거나 지휘한 자, 창씨개명이나 징병 등에 적극 협력한 자 등이 포함됩니다. 이들은 일제에 협력하여 부를 쌓고 권세를 누리며 자신들의 입지를 강화하였습니다. 이들은 독립운동가나 서민들을 학대하고 수탈하며, 자신들의 권위와 이익을 위해 우리 민족의 생명과 자유를 팔아먹었습니다. 이러한 측면에서 그들은 우리 역사의 죄인으로서 영원히 기억되어야 할 것입니다.

그러나 친일파들은 그들의 죄를 인정하거나 사과하지 않았습니다. 오히려 그들은 광복 후에도 권력과 재산을 유지하고, 역사를 왜곡하고, 반민족 행위를 숨기려고 했습니다. 그들은 우리 사회에 남아 있는 식민지 유산과 사상을 재생산하며, 계속해서 우리 민족의 정체성과 자긍심을 해치고 있습니다. 그들은 우리의 공동체와 민주주의를 파괴하려는 세력으로 철저히 청산되어야 합니다. 그래서 우리는 친일파들의 역사와 행적을 정확하게 밝혀야 합니다. 우리는 친일파들이 어떻게 탄생하고, 어떻게 활동하고, 어떻게 처벌되었는지를 연구하고 기록하여 그들의 반민족 범죄를 폭로해야 합니다.

이와 같이 고려 후기의 지배 세력인 권문세족과 일제강점기의 친일파는 우리 역사에서 가장 비난받아야 할 두 부류의 세력이라고 할 수 있습니다. 이들은 외세와 결탁하여 나라와 민족에 큰 해를 끼쳤으며, 자신들의 권세와 이익을 위해 독립운동가나 서민들을 압박하고 박해했습니다. 이들은 역사의 죄인으로 남아 있으며, 우리 역사에서 절대 용서받을 수 없는 존재입니다. 우리는 그들의 행적을 잊지 않고 규탄하고 잘못된 역사를 청산해야 할 것입니다.

III.

정의로운
조선사

1.

잘못된 비판은
가짜 뉴스와 같다

다음은 최만리가 세종대왕의 한글 창제에 반대하면서 쓴 상소문을 번역하여 가상으로 작성한 보도문입니다.

최만리 묘 경기도 안성 소재.

임금은 야비하고 상스럽고 무익한 글자를 왜 창조하는가? 우리는 예로부터 중국의 제도를 본받아 실행해 왔다. 그런데 그와 아무 관련이 없는 새 글자를 만든 것은 학문에도, 정치에도 아무 유익함이 없다. 더구나 글자

제정은 의견을 두루 청취하면서 시간을 두고 가부를 논해야 마땅한데도 너무 성급하게 결정했다. 혹시라도 중국 측에서 시비를 걸어올까 두렵다. 우리는 중국을 큰 나라로 모셔 왔는데, 우리만의 독자적인 글자를 쓰게 되면 중국에서 기분 나빠할 것이다. 주변국들이 제 글자를 가지고 있다고 하나, 그들은 모두 오랑캐다. 더구나 이미 우리는 이두라는 문자를 가지고 있다. 이두는 반드시 한자를 익혀야 쓸 수 있기에 오히려 학문에 도움이 된다. 만약 관리들이 쉽게 언문만 익히게 된다면, 결국에는 한자를 아는 이가 없어질 것이다. 지금 할 일이 태산같이 많은데 어찌하여 급하지도 않은 언문을 익히는 일에 부담을 주시는지 이해할 수 없다. 언문이 비록 유익하다 할지라도 한낱 기예(기술상의 재주나 솜씨)에 불과하다. 학업에 정진하고 정신을 연마해야 할 어린 왕자들과 유생들이 시간을 허비해 기예 익히기에만 몰두한다면 이는 크나큰 국가적 손실이다.

현재도 일부 인사들은 영어 공용화를 떠들고, 한글 전용을 거부합니다. 또한 우리나라 학생들의 학력 저하를 말하면서 교육 걱정은 자기들이 다 하는 것처럼 떠들 때면 기가 막힙니다. 이런 수법이 이미 최만리가 세종대왕에게 한글 창제를 반대하면서 올린 상소에 그대로 나타나고 있다는 것은 무엇을 의미할까요? 맞습니다. 기득권 세력의 개혁 저항 논리는 언제나 통한다는 것입니다.

다음은 세종 때 황희 정승을 부패한 사람으로 묘사하는 실록의 내용을 바탕으로 하여 가상으로 작성한 보도문입니다.

1430년 12월 좌의정 황희는 교하현령에 토지를 요구하고 그 대가로 현령의 아들을 행수로 임명하였다. 또 국가 소유 말 1,000여 필을 죽게 한 혐의로 사헌부에 투옥된 태석균의 감형을 담당관에게 사사로이 부탁하기도 하였다. 노비를 뇌물로 받아 문제가 된 것이 10여 차례나 되며, 이러한 사실에 대해 세종도 여러 번 그를 질책하였다. 이렇게 부패한 인물이 세종의 측근으로 활동했다는 것은 세종의 도덕성을 의심하게 한다.

황희 묘 경기도 파주 소재.

황희 정승이라고 하면 청렴한 관리의 대표적인 인물로서 잘 알려진 사람입니다. 실제로도 황희는 매우 근검하고 원만한 인물이었고 정세 판단이 매우 빨랐으며 인사 처리에 능숙한 탁월한 관료였습니다. 1425년 3월에 남원부사 이간이 보낸 물품을 수뢰한 고위 관리들을 조사할 때 다른 관리들과는 달리 그 사실을 순순히 인정하여 당시의 여론은 황희만이 정직하다고 평가하였습니다. 황희도 위에서 말한 흠이 분명히 있었지만, 당시 관행으로 보면 엄청나게 깨끗한 사람이었습니다. 그래서 우리들은 지금도 그를 청백리로 기억하고 명재상으로 기억하고 있는 것입니다. 약간의 흠이라도 나오면 무조건 비판하는 행태는 정말 분노할 만한 일입니다. 다음은 임진왜란 때 이순신 장군을 역적으로 묘사하는 실록의 내용을 바탕으로 하여 가상으로 작성한 보도문입니다.

이순신은 조정을 속이고, 적을 쫓아 치지 않았으며, 남의 공을 가로채고 남을 모함하기까지 했던 한없이 방자한 인간이다. 이순신은 도체찰사 이원익의 주도로 부산의 일본군 주둔지를 완전히 불태운 사건을 자신이 주도한 것이라고 허위로 보고하였다. 또 이순신은 일본군 선봉 장군 가토 기요마사를 잡아 오라는 명령을 이행하지 않았다. 하지만 이순신은 "적 첩자의 말을 믿을 수 없고 많은 군선을 이끌고 출전하면 작전이 노출되고 군선을 적게 출전시키면 적에게 협공당할 위험이 있다"는 이유를 들어 출전을 거부하였다. 또 세자 광해군이 전황 협의차 전주로 오라고 여러 차례 불렀으나 이유도 없이 가지 않으며 항명하였다. 거제도 앞바다에서 이순신과 원균이 함께 왜적을 크게 쳐부수고 왜선 50여 척을 포획한 성과를 거둔 뒤 원균이 조정에 보고하려 하자 이순신이 속이고는 비밀리에 사람을 시켜 노획한 병기와 왜적의 물건을 가져가 보고하도록 하여 과시하였으므로 전공이 모두 그 자신에게 돌아가게 하기까지 했던 파렴치한 인간이다. 이렇게 부도덕한 인간이 수군을 책임지는 중책을 맡았다는 것은 매우 부끄러운 일이다. 정부는 이순신을 즉각 사형에 처하라.

위에 글에서 나온 이순신에 대한 비판을 위한 근거로 나온 내용들은 이순신의 실수라고 할 수도 있지만 어쨌든 사실은 사실입니다. 그래서 지금도 이러한 사실들을 근거로 이순신을 비판하는 학자들도 있습니다. 그러나 우리가 역사적 인물을 평가할 때는 그가 역사적 사건에서 어떻게 행동해 왔는가를 중심으로 평가해야지, 지엽적이거나 지나친 도덕성을 잣대로 평가해서는 안 됩니다. 실제로 이순신은 이러한 죄목으로 전쟁의 와중에 감옥에 갇혀 조사를 받고, 사형을 당할 위기에서 간신히 벗어나 백의종군, 즉 현재로는 이등병 강등의 불명예형을 받으면서 고초를 겪었습니다. 원균이 수군을 거의 다 말아먹고 전사한 뒤 이순신이 복귀하였을 때는 단 12척의 배가 있었을 뿐입니다. 그러나 이순신은 이 한 줌의 배들로 명량대첩을 이끌었고, 결국 노량대첩으로 전쟁을 마무리하며 전사했던 것입니다. 만약 이순신이 정적들의 비판에 무너져 죽임까지 당했더라면 우리나라의 운명은 어떻게 되었을까요? 기득권을 유지하기 위한 목적의 비판이 나라의 운명을 구렁텅이로 빠뜨릴 수도 있다는 것을 보여주는 좋은 사례입니다. 다음은 인조반정을 일으킨 서인들이 광해군을 비판한 실록의 내용을 바탕으로 하여 가상으로 작성한 보도문입니다.

> 광해군은 형제인 영창대군을 죽였고, 비록 계모지만 어머니인 인목대비를 유폐시키기도 했던 패륜아였다. 임진왜란이 일어났을 때 명나라의 원병이 들어와 왜구로부터 우리를 구해주었다. 그러나 광해군은 은혜의 나라 명이 청한 군사 1만을 보내 주고서도 군량미가 없다는 핑계로 주변만 맴돌게 하고 후금에는 또 싸울 뜻이 없음을 알린 배신자다. 전후 복구 사업을 벌이고 그 핑계로 무거운 세금을 징수하고, 대동법을 실시하여 나라의 기둥인 양반들에게 부당한 세금을 갈취하기까지 하였다. 서자를 등용하는 등 옥석을 못 가리고 국법을 어지럽혔다. 명나라는 우리나라에는 부모의 나라다. 부모의 은혜를 저버릴 수 있는가. 더구나 임진년의 일은 조그마한 것까지도 모두 황제의 힘이었다. 우리나라가 살아서 숨 쉬는 한 은혜를 잊기 어렵다. 차라리 나라가 망할지언정 의리상 구차스럽게 생명을 보전할 수는 없다. 우리의 병력이 미약하더라도 의리를 위하고 명의 은혜를 갚으려면 여진 오랑캐들과 싸워야 한다.

광해군에 대한 세자 책봉은 임진왜란의 와중에 선조가 도망치면서 급하게 분조를 이끌 세자가 필요했기 때문에 이루어진 어쩔 수 없는 선택이었습니다. 만약 임진왜란이 7년을 끌지 않고 금방 끝났거나 선조가 조금만 더 오래 살았다면 광해군의 왕위 계승은 없었을지도 모릅니다. 이유는 간단합니다. 광해군은 후궁의 자식이라는 것입니다. 적자들의 세상에서 서자가 인간으로 보였겠습니까? 게다가 서인들은 광해군을 자신들이 떠받들던 명나라를 배신하고 후금과 내통한 배신자라고 생각했습니다. 결국 이러한 기성 주류 세력의 입장은 인조반정이라는 권력 찬탈로 이어졌다고 할 수 있습니다.

다음은 홍선대원군을 실각시킨 최익현의 상소문을 번역하여 가상으로 작성한 보도문입니다.

요즘 정치는 문란해지고 대신과 대간들은 무능하고 부패하여 정론과 직언이 없다. 나라는 천재지변이 잦고 흉년이 겹쳐 국란과 민생이 피폐하건만 조정에서는 속론만 일삼고 아무런 대책을 못 세워 나라 꼴이 엉망이니 이게 어찌 된 일인가? 그간 대원군은 만동묘를 철폐하고 군신의 예를 짓밟았고, 서원을 혁파하여 스승과 제자의 도리를 끊었으며 특히 대원군은 토목공사를 위해 원납전을 받아 국법을 혼란케 했고, 당백전을 남발하여 경제를 혼란케 했다. 그동안 임금의 나이가 어리다는 것을 기화로 삼아 정치를 전횡했으니 대원군은 더 이상 국정에 손을 대지 말고 정계를 은퇴하라.

홍선대원군이 집권하기 전까지 60여 년간의 세도정치로 매관매직이 성행하고 삼정의 문란으로 백성들의 삶이 피폐해졌다는 것은 명백한 사실입니다. 이러한 현실을 개혁하기 위하여 대원군이 호포법, 사창제, 서원철폐 등으로 민생을 안정시켰다는 것은 왜 숨기고 있을까요? 경복궁 중건으로 불만을 품게 된 민중들을 부추겨 양반층들의 불만을 대리 폭로하는 방식입니다. 지금까지 살펴본 바와 같이 작은 문제나 실수를 큰 문제로 침소봉대하여 비판하는 방식은 가짜 뉴스와 같다는 것을 알 수 있습니다. 이와 같은 방식으로 비판한다면 위대한 인물들은 모두 잘못을 저지른 사람들로 오해할 수 있기 때문입니다.

2.
양반들에게 비판받은
조선의 영웅들

　3사는 사간원, 사헌부, 홍문관을 함께 일컫는 말로 그 기능은 언관이었습니다. 즉 왕권을 비판, 견제, 자문하고, 관리들의 잘잘못을 가려내는 역할을 했습니다. 현재의 언론 기관인 신문, 방송이 하는 역할과도 비슷합니다. 그런데 『조선왕조실록』을 보면 당시의 언론이라고 할 수 있는 3사나 사관 등이 우리가 영웅이라고 생각한 역사적 인물들에 대해 매우 비판적인 시각으로 기록한 자료들이 많이 남아 있습니다. 먼저 장영실에 대한 다음 기록을 보시죠.

　대호군(大護軍) 장영실(蔣英實)이 안여(安輿)를 감독하여 제조함에 삼가 견고하게 만들지 아니하여 부러지고 부서지게 하였으니, 형률에 의거하면 곤장 1백 대를 쳐야 할 것이며, 선공 직장(繕工直長) 임효돈(任孝敦)과 녹사(錄事) 최효남(崔孝男)도 안여(安輿)를 감독하여 제조하면서 장식한 쇠가 또한 견고하게 하지 아니했으며, 대호군(大護軍) 조순생(趙順生)은 안여가 견고하지 않은 곳을 보고 장영실에게 이르기를, '반드시 부러지거나 부서지지 않을 것이

장영실 석상 아산 장영실
과학관 소재.

오'라고 하였으니, 모두 형률에 의거하면 곤장 80개를 쳐야 할 것입니다.

_『세종실록』96권, 세종 24년 4월 27일 정사 2번째 기사 중

위 기록은 세종이 타던 가마가 부서진 사건에 대한 처벌 기록입니다. 가마의 제조 책임자였던 장영실에게 곤장 1백 대를 쳐야 한다는 것인데, 세종 때 많은 발명품을 만들어 낸 장영실의 최후가 매우 씁쓸합니다. 다음은 위 실록 기사에 대해 당시 양반들이 달았을 법한 댓글을 상상하여 작성해 본 것입니다.

장영실은 조선 시대 최고의 과학자로 행세해 온 자다. 물론 그가 혼천의, 금속활자 갑인자, 물시계 자격루, 해시계 앙부일구, 세계 최초의 우량계인 측우기 등을 발명한 것은 모두 인정하겠다. 그러나 그는 천한 기녀 소생의 관노비 출신으로 많은 발명품을 만든 공으로 정3품 무반직에까지 오른 자로서 신분 질서를 어지럽혔다. 게다가 임금께서 타시는 수레를 부서지게 만들었다는 불충을 저지른 것은 곤장을 치고 파직시켜야 할 중죄가 아닐 수 없다. 도대체 그 많은 발명품이 무슨 의미가 있단 말인가? 그것들이 없었어도 우리가 먹고사는 데는 아무 지장이 없었다. 장영실에게 계속 발명의 기회를 달라고? 웃기는 상놈들의 헛소리다.

다음은 『선조실록』에 실린 이순신에 대한 기록입니다.

이순신(李舜臣)이 조정을 기망(欺罔)한 것은 임금을 무시한 죄이고, 적을 놓아주어 치지 않은 것은 나라를 저버린 죄이며, 심지어 남의 공을 가로채

남을 무함하기까지 하며 【장성한 원균(元均)의 아들을 가리켜 어린아이가 모공(冒功)하였다고 계문(啓聞)하였다.】 방자하지 않음이 없는 것은 기탄함이 없는 죄이다. 이렇게 허다한 죄상이 있고서는 법에 있어서 용서할 수 없는 것이니 율(律)을 상고하여 죽여야 마땅하다. 신하로서 임금을 속인 자는 반드시 죽이고 용서하지 않는 것이므로 지금 형벌을 끝까지 시행하여 실정을 캐어내려 하는데 어떻게 처리할 것인지 대신들에게 하문하라.

_『선조실록』 86권, 선조 30년 3월 13일 계묘 2번째 기사 중

위 기록은 선조가 이순신을 역적으로 몰아 죽이기 위해 처벌을 명하면서 비망기로 우부승지 김홍미에게 전교한 내용입니다. 선조는 이순신이 임금인 자신을 무시하고, 왜적을 놓아주어 치지 않았으며, 남의 공을 가로채고 모함하였다고 하면서 "임금을 속인 자는 반드시 죽이고 용서하지 않는 것"이라고 매우 직접적으로 이순신을 죽이라는 명령을 내린 것입니다. 다음은 위 실록 기사에 대해 당시 양반들이 달았을 법한 댓글을 상상하여 작성해 본 것입니다.

원균의 제보에 의하면 부산포 싸움에서 승리했다고 올린 이순신의 장계는 거짓이다. 원균은 우리나라 군졸들이 바다 가득히 죽어 왜적의 비웃음만 샀을 뿐, 별로 이익이 없었다며 이런 실수를 저지른 자신들을 조정에서 재조사해 줄 것을 요청하였다. 이렇게 진실을 밝히기 위해 고발하는 희생정신을 발휘한 원균이야말로 우리 국방계의 희망이다. 이순신 조사 위원회의 조사 결과는 다음과 같다. 이순신은 막대한 국가의 은혜를 받아 차례를 뛰어 벼슬을 올려 주어 관직이 최고에 이르렀음에도 국방의 책임을 방기하고 남의 공로를 빼앗으려고 거짓으로 장계를 올렸으며, 갑자기 적선이 바다에 가득히 쳐들어왔는데도 오히려 적을 토벌하지 않고 놓아두었다. 이

순신이 조정을 기망한 것은 임금을 무시한 죄이고, 적을 놓아주어 치지 않은 것은 나라를 저버린 죄이며, 심지어 남의 공을 가로채 남을 모함하기까지 하였다. 이렇게 허다한 죄상이 있고서는 법에 있어서 용서할 수 없는 것이니 법에 의해 죽여야 마땅하다. 이순신이 잘나서 우리 수군이 이긴 것이 아니다. 우리의 판옥선, 거북선, 총통 등이 있기에 이긴 것이다. 이순신 같은 장군은 조선에 많이 있다. 원균이 이순신을 대신하여 일본군을 몰아낼 것이다.

다음은 『광해군일기』에 실린 허준에 대한 기록입니다.

허준이 『동의보감』을 집필하는 모습을 재현한 모형 허준 박물관 소재.

사신은 논한다. 허준은 온 나라의 죄인이니, 상이 어떻게 사사로이 할 수 있겠는가. 허준이 선왕의 말년을 당하여 궁중에서 사랑을 받았으며 많은 잡약(雜藥)을 올려 마침내는 선왕이 다시 일어나지 못하는 슬픔을 당하게 하였으니, 그의 죄상을 캐어 보면 시역(弑逆)하였다고 말하여도 가하다. 이미 그의 죄를 밝게 바로잡아 신명과 사람의 분노를 충분히 표현할 수 없었는데 지금 도리어 해가 지나도록 귀양살이한 것이 그의 죄를 징계하기에 충분하다고 말을 하니, 아, 상에게 병이 많은 것은 진실로 염려할 만하지만 선왕의 병을 잊을 수 있겠으며, 상에게 공로가 있는 것은 진실로 기록할 만하지만 선왕에게 죄가 있는 것은 내버릴 수 있단 말인가. 상의 이번 일은 삼사(三司)에 달려 있으니, 삼사는 당연히 합사(合辭)하여 성토하도록 청원해서 우리 임금을 잘못이 없는 곳에 이르도록 해야 했다. 그런데 이 뒤에 간원이 홀로 발론하였다가 즉시 정지하였으니, 오늘날의 이목 구실을 하는 신하는 임금이 하고 싶어하는 대로 따르는 자라고 말할 만하다.

_『광해군일기』[중초본] 22권, 광해 1년 11월 22일 기해 2번째 기사 중

위 기록은 선조의 어의였던 허준을 귀양살이에서 석방한다는 광해군의 전교에 대한 사관의 비판 기록입니다. 선조가 사망한 당시의 어의였던 허준은 그 책임으로 귀양살이를 가게 되었는데, 광해군이 허준을 사면하자, 허준이 선조를 시역, 즉 임금을 죽였다고까지 과장한 것이죠. 그리고 삼사가 함께 허준의 사면에 반대하였어야 했는데 그러지 않았으니 잘못이라는 비판입니다. 다음은 위 실록 기사에 대해 당시 양반들이 달았을 법한 댓글을 상상하여 작성해 본 것입니다.

허준이 뛰어난 의술로 왕자 시절 광해군을 고치는 등 조선 최고의 의원임은 사실이다. 그러나 허준은 임금께서 병중임에도 불구하고 태연히 사사로운 일로 말미를 청하였으며, 이에 대해 반성하지도 않았다. 그의 교만 방자함은 익히 알려져 있듯이 위인이 어리석고 미련하여 임금의 은총을 믿고 교만했다. 서얼 출신 의원으로서 분수에 넘치게 1품의 반열에 올라 신분 질서를 어지럽혔다. 그는 본디 음흉하고 외람스러운 사람으로 결국 임금의 옥체가 미령한 뒤에도 조심하여 삼가지 않고서 망령되이 한기(寒氣)를 높이는 약을 씀으로써 마침내 임금께서 돌아가시게 하였으니 마땅히 중죄

로 처벌하였던 것이다. 그가 진행하고 있는 『동의보감』 집필이 아무리 우리나라뿐만 아니라 동아시아의 의학을 발전시킬 수 있다고 하더라도 더 이상 그에게 『동의보감』 집필을 맡길 수는 없다. 의학 발전보다 더 중요한 것이 바로 상벌을 공정하게 하는 것이다. 『동의보감』이 완성되면 값비싼 중국약을 수입할 필요도 없이 신토불이라며 우리 약재를 쓰고, 단방 처방으로 싸게 처방하겠다며 가난한 민중들을 현혹하는 허준에게 절대로 의학 연구의 기회를 주어서는 안 될 것이다. 허준이 없어도 양반 출신 유의들이 있다. 허준은 지금까지의 연구 성과를 유의들에게 넘기기만 하면 된다.

다음은 『숙종실록』에 실린 안용복에 대한 기록입니다.

안용복 일행 동상 울릉도 안용복 기념관 소재.

영돈녕(領敦寧) 윤지완(尹趾完)은 말하기를, '안용복은 사사로이 다른 나라에 가서 외람되게 나라의 일을 말하였는데, 그가 혹 조정(朝廷)에서 시킨 것처럼 하였다면 매우 놀라운 일이니, 그 죄를 논하면 마땅히 죽여야 하는 데 의심할 바가 없습니다. 단지 대마도(對馬島) 사람이 전부터 속여 온 것은 우리나라에서 강호(江戶, 오늘날의 도쿄)와 교통하지 못하였기 때문인데, 이제 다른 길이 따로 있는 것을 알았으니, 반드시 크게 두려움이 생길 것이나, 안

용복이 주살(誅殺)되었다는 말을 들으면 또 그 길이 영구히 막힌 것을 기뻐
할 것입니다. 우리나라에서 안용복을 죽이는 것이 법으로는 옳겠지만 계
책으로는 그릇된 것이므로, 법을 폐기하는 것은 진실로 불가(不可)하나 계
책을 잃는 것도 아까운데, 대마도에 통보하고 왜관(倭館) 밖에 효시(梟示)하
여 교활한 왜인의 마음을 시원하게 하는 데 이르러서는 스스로 손상하는
데로 돌아가는 것을 면하지 못할 것입니다.'

위 기록은 숙종 때 일본에 건너가 울릉도와 독도가 조선의 영토임을 인
정받고 돌아온 안용복을 처벌해야 한다고 말하는 한 신하의 주장입니다.
다만 '우리나라에서 안용복을 죽이는 것이 법으로는 옳겠지만 계책으로는
그릇된 것'이라고 하여, 안용복을 죽이는 것이 일본에 울릉도와 독도의 영
토를 다시 침범할 명분을 줄 수도 있음을 생각해야 하므로 안용복 처형은
더 논의를 해야 한다는 것이죠. 다음은 위 실록 기사에 대해 당시 양반들이
달았을 법한 댓글을 상상하여 작성해 본 것입니다.

안용복은 천한 어부인 주제에 국법을 어기고 사사로이 일본에 두 번이나
건너가 조정에서 시킨 것처럼 관리를 사칭하고 나라의 일을 말하였다. 비
록 그가 일본으로부터 우리의 영토인 울릉도와 독도를 지킨 공로는 크지
만 국법을 어긴 안용복 일당을 용서한다면 우리는 국제적인 웃음거리가
될 것이다. 다른 나라 사람들이 본국의 사신을 사칭하고 외교 관계를 한다
고 하여도 우리가 그들의 죄를 묻도록 항의할 수가 없을 것이다. 울릉도와
독도를 버리더라도 법률을 잘 지키는 것이 더 중요하다는 교훈을 후세에게
보여주어야 한다. 관리 사칭의 죄를 철저히 묻는 것이 영토보다도 더 중요
한 것이다.

지금까지 살펴본 바와 같이 조선의 양반들은 우리가 영웅으로 생각하는 장영실, 이순신, 허준, 안용복 등에 대해 매우 비판적인 입장이었음을 알 수 있습니다. 그렇다면 이들은 왜 영웅들을 비판하였던 것일까요? 이순신을 제외한 모두가 노비 출신, 서얼 출신, 평민이었음을 알 수 있습니다. 이순신 역시 문신이 아닌 무신이었습니다. 양반들이 보았을 때 자신들의 기득권을 위협하는 아랫것들의 영웅적인 업적을 인정하기 싫었던 것이죠. 즉 양반들이 영웅들을 비판한 것은 그들의 업적이나 능력 때문이 아니라, 그들의 신분과 사상 때문이었습니다. 그들은 자신들의 권력과 특권을 유지하기 위해 신분제도와 양반 중심 체제를 옹호하고, 그에 반하는 모든 것을 적대시하고 억압하였던 것입니다.

3.

수양대군과 숙주나물 이야기

조선 시대에 정변으로 왕의 자리에서 쫓겨난 임금은 노산군(단종), 연산군, 광해군 이렇게 셋입니다. 이들은 다른 왕들처럼 조나 종으로 불리지 못하고 왕자일 때의 호칭인 군으로 불리게 됩니다. 그러나 이 중 노산군은 죽은 뒤 200여 년 후인 숙종 때 단종으로 추존되어 복권됐습니다. 그래서 왕의 즉위 순서를 외울 때도 '태정태세문단세'라고 암기하게 됩니다. 여러분도 노산군이란 이름은 아마 잘 모르실 겁니다.

장릉 단종의 능. 강원도 영월 소재.

결국 단종이란 이름이라 불리게 된 것은 다른 중종반정이나 인조반정에 비해 세조의 계유정난은 비록 200여 년 후이긴 해도 그 정당성이 부인되었다고 할 수 있습니다. 물론 광해군을 쫓아낸 인조반정은 정당성 논란이 있지만 공식적인 복권은 이루어지지 않았기에 여기서 이야기하지는 않겠습니다. 어쨌든 단종을 쫓아낸 세조의 왕위찬탈은 공식적으로도 그리고 명분상으로도 부도덕하다는 것이 일반적인 견해입니다.

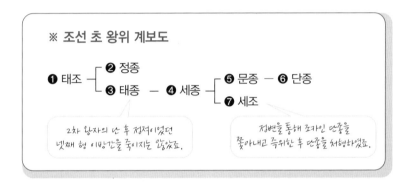

여러 이유 중 부도덕성을 가장 극명하게 보여주는 것이 세조의 단종 살해입니다. 연산군은 왕위에서 쫓겨난 그해 귀양지에서 화병으로 죽었고, 광해군은 귀양 생활 18년 만에 67세의 천수를 다하고 생을 마감하였습니다. 즉 왕위에서 쫓겨났다고 하더라도 패배자인 폐왕의 목숨까지 앗는 것은 부도덕한 처사였다고 할 수 있습니다. 그리고 단종은 당시 어린 나이였기에 그의 잘못은 없었습니다. 당연히 왕위에서 쫓아낼 명분도 없었고, 단지 세조 자신의 권력욕 때문에 어린 조카를 죽이고 왕위를 빼앗았다고 설명할 수밖에 없습니다. 만약 김종서나 황보인이 왕위를 위협하는 세력이었다면 그들만 제거하고 왕위를 굳건히 하는 것이 왕실 종친인 수양대군의 임무였습니다. 그러나 그마저도 수양대군의 쿠데타 명분으로 조작되었다고 할 수 있습니다.

단종이 즉위한 직후 인사권인 '황표정사(黃票政事)'를 장악한 인물은 황보인, 김종서 같은 정승들이 아니라 같은 종친인 안평대군이었습니다. 황표정사란 정승들이 인사 대상자의 이름에 황색 점을 찍어 국왕에게 올리면 그 위에 점을 더해 추인하는 제도였는데, 단종 초년에 황표정사의 권한을 갖고 있던 정승들은 신하들인 자신들이 인사권을 행사하는 것이 문제가 있다고 생각해 그 권한을 수양대군의 동생이었던 안평대군에게 넘겼습니다. 이는 황보인, 김종서 등이 역모를 꾸몄다는 논리가 얼마나 허구인지를 말해주는 증거 중 하나입니다. 황표정사는 단종이 성인이 될 때까지 한시적으로 운영되는 제도였고, 나이 어린 왕을 대신해 왕실의 어른들이 수렴청정했던 것과 똑같은 것입니다. 결코 왕위 찬탈의 명분이 될 수 없는, 자연스러운 것이었습니다.

왜 문종이 승하하면서 황보인, 김종서에게 단종을 부탁했을까요? 그것은 바로 황보인, 김종서가 어린 아들을 보살필 수 있는 가장 믿을 만한 신하였다는 방증입니다. 김종서와 황보인은 세종 때 6진을 개척하면서 세종의 북진 정책을 도왔고, 세종, 문종을 모신 최고의 충신들이었습니다. 결국 세조는 권력을 잡기 위해 아버지와 형의 충신들을 죽이고 왕이 되었으며, 결국엔 조카마저 죽이고 불씨를 없앤 부도덕한 왕위 찬탈자입니다.

이러한 수양대군의 부도덕성에 버금가는 인물이 바로 신숙주입니다. 신숙주는 세종 때 과거에 급제하여 집현전에 있으면서 훈민정음 창제에 공을 세우는 등 많은 활약을 하며 세종의 총애를 받았던 신하입니다. 세종의 큰아들 문종의 짧은 재위 후 단종이 즉위하였고, 왕위를 넘보던 수양대군이 김종서, 황보인 등 반대파를 제거한 계유정난에 참여하여 정난공신 2등이 되었습니다. 계유정난 직후 세조가 선위의 형식을 빌려 왕위에 등극하는 과정에서 신숙주는 세조를 적극적으로 보좌하여 좌익공신 1등에 영의정까지 올랐습니다.

또한 예종 즉위 후에는 남이 장군을 숙청한 공으로 익대공신 1등이 되었습니다. 남이를 총애하였던 세조가 죽자 '이시애의 난' 평정으로 등장한 신세력에 위협을 느낀 신숙주, 한명회 등 기존의 원상 세력들은 예종에게 남이를 탄핵하고, 남이는 병조판서에서 하루아침에 해직되어 겸사복장으로 밀려나게 됩니다. 병조판서에서 밀려난 남이가 궁궐 안에서 숙직하고 있었을 때 밤하늘에 혜성이 나타나자 "혜성은 묵은 것을 없애고 새것을 나타나게 하려는 징조다"라고 혼잣말한 것을 유자광이 엿듣고, 왕에게 남이가 역모를 꾀한다고 모함하여 국문 끝에 능지처참으로 죽임을 당했습니다. 남이의 역모 사건은 남이와 함께 이시애의 난을 평정한 신세력들을 제거할 절호의 기회로 삼아 기득권 유지에 급급했던 신숙주 같은 원상 세력과 유약하였던 왕, 그리고 간신배들이 공모한 사건입니다. 이후 신숙주는 성종 즉위 후 다시 좌리공신 1등에 영의정에 재임되었고 죽는 날까지 권력을 누렸습니다.

남이 묘 남이 장군 부부 합장 묘. 경기도 화성 소재.

신숙주는 배신의 상징적인 인물이지만, 젊은 날 집현전에서 남의 숙직까지 도맡아 하며 궁궐에 있는 책을 밤늦게까지 읽다가 그대로 잠든 그에게 세종 자신이 입고 있던 어의를 덮어주라고 지시했다는 일화가 있을 만큼 세종의 총애를 받았던 사람입니다. 그러나 세종의 총애를 받았던 집현전 출신 중 사육신, 생육신에 들지 않았고, 세조의 충신으로 그리고 총 여섯 왕의 최고 신하로서 권력을 쥐었던 변신의 귀재였습니다. 게다가 신숙주는 사실 대단한 파렴치한이었는데, 정적들이었던 최면의 누이, 조완규의 아내와 딸을 차지하여 자신의 노리개로 만들기도 하였습니다. 심지어는 자신이 임금으로 섬기던 단종의 왕비 송씨를 내려달라고 요구했다는 기록까지 있을 만큼 파렴치한 인간이었습니다. 또한 자신의 세력에 도전하는 남이 장군 같은 새로운 젊은 세력들에게는 유자광 같은 간신배들을 이용하여 철퇴를 날리는 모략가였습니다.

숙주나물의 숙주는 신숙주에서 온 것이라고 합니다. 숙주나물은 꽤나 잘 상하는데, 신숙주의 변절을 숙주나물의 변질에 비겨서 숙주라 하였다는 속설입니다. 당대 최고의 철새 정치인에 대한 별명이라고나 할까요? 신숙주는 변화무쌍한 배신과 변신으로 오랫동안 최고의 권력을 누려 왔지만 백성들의 평가는 그에게 변절자의 낙인을 찍어 지금까지도 욕을 하고 있으니 백성들의 눈은 정말 무섭고도 정확한 것이라고 할 수 있습니다.

4.

선조는 명나라 망명에
왜 실패하였을까?

화살로 일본군에 맞서
싸우는 조선군

신무기 조총으로 부산진을
공격하는 일본군

이 그림은 임진왜란 초기의 모습을 그린 「부산진 순절도」의 일부입니다.

적선(賊船)이 바다를 덮어오니 부산 첨사(釜山僉使) 정발(鄭撥)은 마침 절영도(絶影島)에서 사냥을 하다가, 조공하러 오는 왜라 여기고 대비하지 않았는데 미처 진(鎭)에 돌아오기도 전에 적이 이미 성에 올랐다. 발(撥)은 난병(亂兵) 중에 전사했다.
_『선조실록』 26권, 선조 25년 4월 13일 임인 1번째 기사 중

위 기록과 같이 1592년 4월 13일 일본의 침략이 시작되었습니다. 일본

의 침략에 제대로 준비되어 있지 않았던 조선군은 연전연패당했고, 전쟁이 시작된 지 15일 만인 4월 28일 마지막 희망이었던 신립 장군은 충주 탄금대에서 전사하였습니다. 더 이상 일본군을 막을 희망이 사라진 것입니다.

충주에서의 패전 보고가 이르자 상이 대신과 대간을 불러 입대(入對)케 하고 비로소 파천(播遷)에 대한 말을 발의하였다. 대신 이하 모두가 눈물을 흘리면서 부당함을 극언하였다. [중략] 수찬 박동현(朴東賢)은 아뢰기를, "전하께서 일단 도성을 나가시면 인심은 보장할 수 없습니다. 전하의 연(輦)을 멘 인부도 길모퉁이에 연을 버려둔 채 달아날 것입니다." 하면서, 목 놓아 통곡하니 상이 얼굴빛이 변하여 내전으로 들어갔다.

_『선조실록』 26권, 선조 25년 4월 28일 정사 1번째 기사 중

선조 어진(추정) 무관복을 입은 것으로 보아 임진왜란 당시의 모습으로 추정.

일본군이 곧 한양을 점령할 수 있다고 판단한 선조는 '파천'을 발의하기 시작하였습니다. 신하들은 모두 반대하고 수도를 사수해야 한다고 하였죠.

특히 '선조가 한양을 버리면 백성들이 임금을 버리게 될 것'이라는 경고는 선조가 한양을 떠난 이후 현실이 되었습니다.

> 새벽에 상이 인정전(仁政殿)에 나오니 백관들과 인마(人馬) 등이 대궐 뜰을 가득 메웠다. 이날 온종일 비가 쏟아졌다. 상과 동궁은 말을 타고 중전 등은 뚜껑 있는 교자를 탔었는데 홍제원(弘濟院)에 이르러 비가 심해지자 숙의(淑儀) 이하는 교자를 버리고 말을 탔다. 궁인(宮人)들은 모두 통곡하면서 걸어서 따라갔으며 종친과 호종하는 문무관은 그 수가 1백 명도 되지 않았다. 점심을 벽제관(碧蹄館)에서 먹는데 왕과 왕비의 반찬은 겨우 준비되었으나 동궁은 반찬도 없었다.
>
> _『선조실록』 26권, 선조 25년 4월 30일 기미 1번째 기사 중

1592년 4월 30일 온종일 비가 오는 가운데 한양에서 탈출하는 선조의 행렬은 그 수가 1백 명도 되지 않았고, 벽제관에서 점심을 먹을 때 세자 광해군은 반찬도 없이 밥을 먹는 상황이었던 것이죠.

> 상이 장차 개성(開城)으로 향하려고 하는데, 따라왔던 경기의 이졸(吏卒)들이 도망하여 흩어졌다.
>
> _『선조수정실록』 26권, 선조 25년 5월 1일 경신 2번째 기사 중

5월 1일에는 선조의 행렬을 따르던 경기의 이졸들이 도망치는 일까지 발생합니다. 이처럼 자신의 목숨만을 위해 도망치는 임금을 위해 목숨 바쳐 싸울 수 있는 백성들은 없는 것이죠. 이러한 상황 속에 선조는 아예 조선을 떠나 명나라로 망명하겠다는 뜻을 드러내기 시작합니다.

성룡이 아뢰기를, "안 됩니다. 대가(大駕)가 우리 국토 밖으로 한 걸음만 떠나면 조선(朝鮮)은 우리 땅이 되지 않습니다" 하였다. 상이 이르기를, "내부(內附)하는 것이 본래 나의 뜻이다" 하니, 성룡이 안 된다고 하였다.

_『선조수정실록』 26권, 선조 25년 5월 1일 경신 1번째 기사 중

이에 유성룡 등 여러 신하가 반대 의견을 제시하지만 선조는 "내부(內附)하는 것이 본래 나의 뜻이다"라고 하면서 명나라로 망명을 고집합니다. 그리고 명나라로 사신을 가게 된 유몽정에게 다음과 같이 말합니다.

상이 몽정을 직접 대하여 유시하기를, "경사(京師)에 이르거든 그대가 먼저 내부(內附)할 의사를 말하는 것이 좋겠다" 하니, 몽정이 아뢰기를, "중국에서는 우리나라가 적을 친하게 대한다고 의심하는데 만약 원조를 청하지 않고 내부하기를 먼저 청한다면 의혹만 더 불러일으킬 듯싶습니다. 모름지기 왜변(倭變)이 일어난 까닭을 낱낱이 열거하여 요동의 진에 갖추어 자문(咨文)을 보내어 접응해 줄 것을 청한 다음에 내부에 대한 말을 해야 합니다"라고 하자, 상이 그렇게 여기고 자문을 갖추어 보냈다.

_『선조수정실록』 26권, 선조 25년 5월 1일 경신 18번째 기사 중

선조는 유몽정에게 베이징에 도착하자마자 자신이 명나라로 망명하겠다는 뜻을 전하라고 하자 유몽정은 중국이 조선과 일본이 내통한다고 의심하는데 전쟁 원조를 먼저 청하지 않고 망명을 먼저 청한다면 중국의 의심만 더 크게 일으킬 것이라고 선조를 타이릅니다. 그래서 유몽정의 말대로 왜변이 일어난 상황을 자세히 설명하는 자문, 즉 외교문서를 작성하여 보내게 됩니다. 이미 마음속으로 나라를 버린 선조는 명나라로 망명하겠다는 뜻을 더 굳게 다지게 됩니다.

상이 이르기를, "당초에 일찍이 요동으로 갔었더라면 좋았을 것인데, 의논이 일치하지 않아 이와 같은 지경에 이르게 되었다. 나는 처음부터 항상 왜적이 앞에서 나타난 뒤에는 피해 가기 어렵다는 일로 말하곤 하였다" 하였다. [중략] 상이 이어 요동(遼東)으로 들어갈 일에 대하여 말하자. 홍원이 아뢰기를, "요동은 인심이 몹시 험합니다" 하니, 상이 이르기를, "그렇다면 어찌 갈 만한 지역을 말하지 않는가. 내가 천자(天子)의 나라에서 죽는 것은 괜찮지만 왜적의 손에 죽을 수는 없다"라 하였다. 상이 세자(世子)를 이곳에 주류(駐留)시켜 두고 떠나는 것이 괜찮겠느냐고 하문하자, 철(澈)이 아뢰기를, "만약 왜적의 형세가 가까워지면 동궁도 어떻게 여기에 머무를 수 있겠습니까." [중략] 홍원이 아뢰기를, "소신의 생각에는 요동으로 들어가는 것은 불가합니다. 들어갔다가 허락하지 않으면 어떻게 하겠습니까?" 하니, 상이 이르기를, "아무리 그렇더라도 나는 반드시 압록강을 건너갈 것이다"라 하였다.

_『선조실록』 27권, 선조 25년 6월 13일 신축 7번째 기사 중

6월 13일이 되자 더욱 불안해진 선조는 "더 일찍 요동으로 갔어야 한다"라며 말을 꺼내죠. 최홍원이 "요동은 인심이 몹시 험합니다."라고 반대하자 선조는 다시 "내가 천자(天子)의 나라에서 죽는 것은 괜찮지만 왜적의 손에 죽을 수는 없다"라고 하며, 세자를 남겨두고 자신만 떠나면 괜찮냐고 신하들에게 묻습니다. 정철은 왜적이 가까워지면 세자 역시 남아 있을 수 없다고 반대합니다. 최홍원이 다시 '요동으로 들어갔다가 명나라에서 허락하지 않으면 어떻게 하냐'고 반대합니다. 그러나 선조는 "나는 반드시 압록강을 건너갈 것이다"라고 말하며, 명나라로 망명할 뜻을 더욱 굳힙니다. 그러나 선조는 명나라로 망명하지 못했습니다. 왜 그랬을까요? 다음 기록을 봅시다.

명나라에서 우리나라가 내부(內附)를 청한 자문(咨文)을 보고 장차 우리나라를 관전보(寬奠堡)의 빈 관아에 거처시키려고 한다는 소식을 듣고는, 상이 드디어 의주에 오래 머물 계획을 하였다.

_『선조실록』 27권, 선조 25년 6월 26일 갑인 7번째 기사 중

6월 26일 명나라에서 망명지로 허락했다는 곳에 대한 첩보가 들어왔습니다. 이곳은 '관전보'라는 곳으로 압록강 건너 100리 북쪽에 있는 여진족과의 접경 지역이었죠. 그런데 이곳의 버려진 관아 건물에 선조가 머물게 하겠다는 것은 사실상의 거부이므로 '오지 말라'는 말이었습니다. 그리고 요동에 사신으로 갔던 이덕형이 명나라의 답변을 가지고 돌아왔습니다.

청원사(請援使) 대사헌 이덕형(李德馨)이 요동에서 돌아왔다. [중략] 덕형이 아뢰기를, [중략] "올 때 내부(內附)하는 일로 또 정문하였더니 '그대 나라의 아주 절박한 일은 내가 이미 자세히 알고 있으니, 그대는 의심하지 말고 가라. 내부하는 일도 벌써 회보하였다. 만일 적의 세력이 온 나라에 가득 차면 천자의 명이 없더라도 당연히 의논하여 할 것이다' 하였습니다" 하니, [중략] 상이 이르기를, "대체적으로 요동에 들어갈 계획은 어떠한가?" 하니, 덕형이 아뢰기를, "우리나라에 한 고을도 남은 곳이 없게 된 뒤에 가야 할 것입니다. 만일 한 고을이라도 남아 있으면 갈 수가 없습니다. 대부분의 공억(供億)을 어느 아문(衙門)에서 하겠습니까. 반드시 적병의 핍박으로 부득이하게 된 뒤에 가야 할 것입니다. 그렇지 않으면 가서는 안 될 듯합니다" 하였다.

_『선조실록』 28권, 선조 25년 7월 3일 경신 5번째 기사 중

7월 3일 사신에서 돌아온 이덕형은 선조에게 명나라의 답변을 전합니다. "만일 적의 세력이 온 나라에 가득 차면 천자의 명이 없더라도 당연히

[선조의 명나라 망명을] 의논하여 할 것이다"라는 것이었죠. 그러나 선조는 포기하지 않고 다시 "대체로 요동에 들어갈 계획은 어떠한가?"라고 묻습니다. 이덕형은 "우리나라에 한 고을도 남은 곳이 없게 된 뒤에 가야 할 것입니다"라고 하며 쐐기를 박습니다. 그리고 드디어 명나라의 공식적인 외교문서로 답변이 오게 되죠.

> 이에 앞서 우리나라가 내부(內附)하겠다는 뜻으로 중국에 자문(咨文)을 보냈는데, 이때에 와서 병부(兵部)가 요동 도사(遼東都司)에게 자문으로 물었다. 그 자문은 다음과 같다. 조선이 대대로 동방에서 왕위(王位)를 누려 대국(大國)으로 일컬어졌는데 어찌하여 왜가 한번 쳐들어오자 풍문만 듣고 달아났는가. 몹시 놀랍고 이상스럽다. [중략] 당연히 여러 해 공순했던 점을 생각하여 칙령(勅令)으로 용납할 것이니, 반드시 인원수를 짐작하여 1백 명을 넘지 않도록 하게 하라. [하략]
>
> _『선조실록』 28권, 선조 25년 7월 11일 무진 5번째 기사 중

위 기록에 따르면 명나라의 입장은 명확했습니다. 조선은 오랫동안 독립 국가로 세력을 유지하는 나라였는데 어떻게 왜가 쳐들어오자 국왕이 풍문만 듣고 달아났는지 놀랍고 이상하다는 것이었죠. 한마디로 조선이 왜와 내통한 것이 아닌지 의심스럽다는 뜻입니다. 그리고 1백 명 안쪽의 인원만 받아줄 것이니 그래도 오고 싶으면 오라는 것으로 사실상은 거부였습니다. 이러한 답변 이후로 선조는 명나라로 도망갈 생각을 접게 됩니다.

지금까지 살펴본 바와 같이 선조는 임진왜란이 시작된 지 3주도 되지 않아 명나라로 망명할 뜻을 밝힙니다. 선조는 이미 이때 우리나라를 마음 속에서 버린 것입니다. 많은 신하들이 반대하자 세자에게 모든 짐을 지우고 자신만 명나라로 도망가겠다는 비정한 아버지의 모습을 보이기도 하죠. 이

러한 선조의 모습은 명나라 입장에서 보면 너무나 한심한 일이었습니다. 명나라 입장에서 선조가 명나라에 들어오는 순간 조선은 사실상 멸망한 나라가 됩니다. 그리고 일본이 곧바로 조선의 왕을 잡겠다며 명나라를 침략하는 명분을 주게 되죠. 그래서 명나라는 선조가 머물 곳을 조선이 도저히 받아들일 수 없는 여진족과의 국경 지역으로 정한 것입니다. 차라리 조선의 국경 지역이 더 낫다고 여기게 해 포기하게 만든 것이죠.

만약 선조가 명나라로 망명하는 일이 실제로 벌어졌다면 어떤 일이 생겼을까요? 이순신 장군이야 철저한 준비를 한 상황이었기 때문에 해전에서는 승리했을 것이지만 당시 들불처럼 번지던 의병들의 사기는 땅에 떨어졌을 것입니다. 어떤 백성들이 임금도 버린 나라를 위해 끝까지 목숨 걸고 싸우겠습니까? 의병들이 포기한 상황에서 바다에서의 연전연승은 아무 의미가 없어지게 되고 결국 조선이 망한 상태에서 명과 일본의 휴전 협상이 이루어졌다면 명은 우리를 충분히 버리고도 남았을 것입니다. 실제로 휴전 협상에서 우리나라 4도를 일본에 할양하는 협상안이 논의되었기 때문이죠. 즉 우리나라는 일본의 식민지가 되는 상황이 나타났을 것입니다. 이렇듯 선조는 우리나라를 멸망시킬 수도 있었던 최악의 선택을 했던 왕입니다. 자신만 살고자 했던, 그래서 우리나라를 망하게 할 뻔했던 우리 역사상 최악의 왕이 다름 아닌 선조라고 평가할 수 있을 것입니다.

5.

송시열의 조국은
명나라였다

임진년의 난리를 당해서는 팔도(八道)가 탕진되어 온 나라 민생들 모두 어
육(魚肉)이 되었는데, 다행히도 황상이 이를 듣고 발끈 화를 내어 온 천하
의 군사를 출동하고 온 천하의 재물을 털어내어, 천위(天威)가 겹겹으로 진
동하게 됨을 힘입어 흉악한 추왜(醜倭)들이 패하고 돌아가게 되었었습니다.
[중략] 무릇 우리나라는 한 가지 털끝만 한 것에서부터 풀 한 포기 나무 한
그루까지도 황제의 덕을 입지 않은 것이 없으므로, 비록 무식한 상놈[常漢]
이라 하더라도 모두 감격하여 눈물을 흘리면서 죽도록 보답하려고 생각하
게 되었습니다. [중략] 광해조(光海朝)에 이르러 강홍립(姜弘立)과 김경서(金景
瑞)가 심하(深河)에서 오랑캐에게 투항(投降)하였을 때를 당해서는 밀지(密旨)
가 있다고 했었으니, 만일 그때에 김응하(金應河)가 전사(戰死)한 일이 없었다
면 어떻게 천하에 해명할 수 있었겠습니까?

_『숙종실록』18권, 숙종 13년 2월 4일 임자 2번째 기사 중

위 기록은 송시열의 상소문 일부를 옮긴 것입니다. 이 글의 핵심은 우

리나라의 '풀 한 포기 나무 한 그루까지도 (명나라) 황제의 덕을 입지 않은 것이 없다'는 것입니다. 그런데 광해군이 강홍립을 통해 후금에게 항복하게 하여 명나라를 배신하였다는 결론입니다. 이러한 생각은 당시 서인들의 논리였습니다. 결국 서인들은 광해군을 쫓아내고 인조를 새로운 왕으로 추대하였습니다. 이를 인조반정이라고 합니다. 인조반정 후 서인 정권이 성립하자 서인들은 광해군의 중립 외교를 폐기하고, 노골적인 친명배금 정책을 내세우기 시작했습니다. 이에 후금은 인조반정과 모문룡 사건(명나라 장군 모문룡이 후금과의 싸움에서 패한 후 패잔병을 이끌고 압록강에 있는 섬 가도에 들어가 후금의 배후를 위협하자, 이에 후금은 이들을 섬으로부터 몰아내라고 조선에 압력을 넣었지만 모문룡은 명의 위세를 믿고 식량을 비롯한 여러 지원을 조선에 요청하는 상황이었죠)을 빌미로 침략하였습니다.

광해군 묘 광해군과 그 중전이었던 문성군부인 류씨의 묘. 경기도 남양주 소재.

그러나 후금은 적극적인 조선 정벌 의사를 갖고 있지 않았고, 단지 모문룡을 쫓아내고 조선의 친명정책을 바꾸게 하려는 의도였기에, 형제 관계를 맺고 조공을 바칠 것을 내용으로 하는 강화를 맺은 후 전쟁 발발 50일 만에 전쟁을 끝내고 돌아갔습니다. 그러나 이후 후금이 청으로 국호를 고치고 조선에 군신 관계를 요구하자 조선에서는 주전론과 주화론이 맞서게 되었습니다.

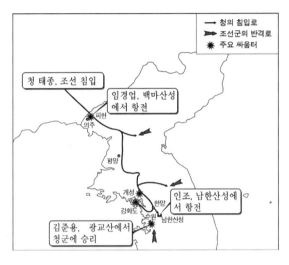

병자호란 전개 과정

결국 청나라에 대한 척화주전론이 승리했습니다. 그 결과 병자호란이 일어났고, 호란의 패배 후 이러한 숭명반청사상은 곧 북벌론의 사상적 근거가 되었습니다. 결국 북벌론은 중국의 명나라에 대한 모화사대사상이 현실 정치에 강하게 표출되면서 대두한 청나라에 대한 복수전쟁론이라고 할 수 있습니다. 즉 북벌 운동이란 호란의 원수를 갚고자 하는 적개심과 명을 멸망시킨 청에 복수하겠다는 존명주의가 섞인 성리학적 명분론에 입각한 사대주의의 연장이라고 할 수 있습니다.

영릉 효종릉. 경기도 여주 소재.

　그러나 북벌론에 의해 실제로 강화된 군대는 왕의 친위군과 수도 경비 군사력의 강화에만 그쳤고 국론 통일과 화합은 이루지 못했던 사실에서 볼 수 있듯이, 북벌 계획은 백성들을 긴장시키고 백성의 청에 대한 복수심을 부추거서 병자호란의 패배 책임과 전쟁 뒤의 정치적·경제적 위기를 모면하려고 한 서인들의 논리였을 뿐입니다. 즉 북벌론은 전쟁에 패배한 집권층이 책임 추궁을 피하고 자기방어를 하기 위해 만든, 현실 상황을 호도하며 자신들의 이익을 생각하는 것이었습니다.

　북벌론은 겉으로는 청나라에 대한 복수를 내세우며 전쟁을 준비하자는 이야기였습니다. 그러나 속을 들여다보면 당시 많은 사람들이 전쟁으로 숨지고, 많은 여인들이 청나라로 끌려가고, 왕자들이 인질로 끌려가는 등 패전의 피해와 치욕으로 인한 백성들의 불만을 청나라에 대한 복수심으로 돌리고, 전쟁을 준비하는 과정에서 생긴 여러 군대를 당시 집권층인 서인 정권을 더욱 강하게 뒷받침하는 도구로 이용한 것입니다.

　결론적으로 북벌론은 국가의 안전과 백성들의 삶을 고려하지 않고, 오로지 지배층의 이기심을 충족시키려는 것이었습니다. 우리는 이러한 역사를 통해 지배층의 탐욕과 잘못된 판단으로 일어난 전쟁의 비극을 깨닫고 다시는 이러한 역사가 되풀이되지 않도록 하여야 할 것입니다.

6.

정조가 작은 외할아버지를
숙청했던 이유

융릉 사도세자와 혜경궁 홍씨의 합장릉. 경기도 화성 소재.

정조의 아버지인 사도세자를 죽음으로 이끌었던 노론은 사도세자의 아들인 정조(당시 세손)가 즉위하는 것을 두려워하였습니다. 연산군이 자신의 어머니인 폐비 윤씨가 죽임을 당하는 데 관련된 인물들을 제거하며 복수하였던 것처럼 자신들도 제거될 것을 걱정했던 것입니다. 결국 이들은 세손을 끌어내릴 음모를 실행하기 시작하였습니다.

영조는 1775년 두 달 후의 죽음을 예감하고 세손의 대리청정을 추진하게 되었습니다. 당시 나이 24세였던 세손은 충분히 왕이 될 수 있는 성인이었지만 그를 둘러싼 노론 세력이 그를 왕으로 인정하지 않을 것이기에 영조는 근심을 계속 하지 않을 수 없었습니다. 그래서 영조는 당시 좌의정이었던 홍인한과 대담을 통해 이 문제를 해결하려 하였습니다.

> 임금이 이르기를, "신기(神氣)가 더욱 피곤하니 비록 한 가지의 공사(公事)를 펼치더라도 진실로 수응(酬應)하기 어렵다. 이와 같은데도 어찌 만기(萬幾)를 수행하겠느냐? 국사(國事)를 생각하느라고 밤에 잠을 이루지 못한 지가 오래되었다. 어린 세손이 노론(老論)을 알겠는가? 소론(少論)을 알겠는가? 남인(南人)을 알겠는가? 소북(少北)을 알겠는가? 국사(國事)를 알겠는가? 조사(朝事)를 알겠는가? 병조판서를 누가 할 만한가를 알겠으며, 이조판서를 누가 할 만한가를 알겠는가? 이와 같은 형편이니 종사(宗社)를 어디에 두겠는가? 나는 어린 세손으로 하여금 그것들을 알게 하고 싶으며, 나는 그것을 보고 싶다." [중략] 홍인한이 말하기를, "동궁은 노론이나 소론을 알 필요가 없고, 이조판서나 병조판서를 알 필요도 없습니다. 더욱이 조사(朝事)까지도 알 필요 없습니다" 하였다.
>
> _『영조실록』 125권, 영조 51년 11월 20일 계사 1번째 기사 중

이같이 홍인한은 이른바 '삼불필지설(三不必知說)'을 내세웠습니다. 이는 "동궁은 노론이나 소론을 알 필요가 없고, 이조판서나 병조판서를 알 필요도 없습니다. 더욱이 조사(朝事)까지도 알 필요 없습니다"라는 내용입니다. 이것은 세손의 권위를 전면적으로 부정하고 나선 것으로써 세손의 왕위 계승을 인정하지 않겠다는 선언이나 다름이 없었습니다.

조진(朝診) 때에 홍인한이 '세 가지 알 필요가 없다는 말[三不必知說]'로써 임금에게 우러러 대답하였는데 혜경궁(惠慶宮)께서 이 말을 듣고 작은 종이에 써서, 반드시 수고를 덜고자 하는 성상의 뜻이라고 자세하고도 간곡한 하교를 홍인한에게 통지하였으나, 그가 석연(夕筵)에 이르기까지도 주대(奏對)한 것은 조진(朝診) 때와 같았다. 아! 만일 홍인한이 과연 성상의 본뜻을 알지 못하고 조금도 딴마음이 없었다면 '세 가지 알 필요가 없다'는 말은 신자(臣子)로서 감히 입에서 나올 것이 아닌 것이다.

_『영조실록』 125권, 영조 51년 11월 20일 계사 1번째 기사 중

위 기록은 당시 상황을 직접 본 사관의 평가입니다. 이른바 홍인한의 '삼불필지설'은 '신하로서 감히 입에서 나올 말이 아니다'라는 평가입니다. 정조의 어머니 혜경궁 홍씨가 자신의 삼촌인 홍인한에게 쪽지를 전달했음에도 홍인한이 끝까지 자신의 뜻을 굽히지 않은 것은 홍인한이 역심을 품은 것이 분명하다는 평가입니다.

임금이 승지 이명빈(李命彬)을 앞으로 나오라고 명하여 전교를 쓰게 하며 이르기를, "긴요하지 않은 공사(公事)는 동궁이 달하(達下)하는 데 들여보내고 상소에 대한 비답이나 시급한 공사는 내가 세손과 더불어 상의하여 처리하겠다. 며칠을 좀 기다려 그 일 처리하는 솜씨가 익숙하여지는 것을 보아가며 마땅히 여기에 추가하는 하교가 있을 것이다" 하였다. 이때 홍인한이 승지의 앞을 가로막고 앉아서 다만 승지가 글을 쓰지 못하게 할 뿐 아니라 또한 임금의 하교가 어떻게 된 것인지도 들을 수 없게 하였다. [중략] 이때 동궁이 시좌(侍坐)하고 있다가 이 전교를 곁에서 듣고서는 걱정스럽고 두려워 어찌할 바를 알지 못하여 홍인한에게 이르기를, "이 일은 참섭(參涉)할 만한 것이 아니지만 사세(事勢)가 급박하게 되었으니 진실로 마땅히 상소하여

사피(辭避)해야 합니다. 비록 두서너 글자라도 문적(文跡)이 있은 뒤에야 진소(陳疏)할 수가 있으니, 두서너 글자라도 꼭 탑교(榻敎)를 받아 내가 진소할 수 있는 길을 열어 주오" 하니, 홍인한이 묵묵히 앉아 응답하지 않고 승선(承宣)을 돌아보며 손을 저어 중지하도록 하였다.

_『영조실록』 125권, 영조 51년 11월 30일 계묘 1번째 기사 중

탕평책 영조의 탕평책을 계승하여 정조는 노론뿐만 아니라 남인, 소론까지 등용하였습니다.

다시 열흘 뒤 영조는 세손에게 대리청정에 준하는 일을 하도록 하겠다는 하교를 내리자 홍인한이 승지의 앞을 가로막고 앉아서 승지가 글을 쓰지 못하게 하고, 임금의 하교를 들을 수 없게 방해하였습니다. 이에 세손은 홍인한에게 두서너 글자라도 영조의 하교를 받도록 하게 해주면 이 하교를 사양하는 상소를 하겠다고 제안했지만 홍인한은 대답도 없이 승선에게 손을 저어 이를 무산시켰습니다.

전후(前後) 상협련군(廂挾輦軍)은 이전 하교에 의하여 거행(擧行)하되, 하교를 기다려 대령하였다가 다만 정시(正時)가 되거든 들어오게 하라. [중략] 홍인

한이 말하기를, "성교(聖敎)가 이와 같고 이미 궐내에서 하도록 하교하셨으니, 이는 신 등이 알 만한 것이 아닙니다. 조금 전에 거둥하겠다고 하교한 뒤에 군병이 반드시 대령하고 있을 터이니, 삼가 하념(下念)하여 주소서" 하니, 임금이 전교를 쓰라고 명하기를, "조금 전에 서둘던 일을 지금 시임 대신·원임 대신들이 타협하였으니, 거둥을 그만두게 한다" 하였다. 홍인한이 말하기를, "거둥을 그만두게 한다는 허락을 받고 신 등은 기쁨을 견디지 못하겠습니다" 하였다.

_『영조실록』125권, 영조 51년 11월 30일 계묘 4번째 기사 중

화가 난 영조는 상협련군(상군과 협련의 준말. 상군은 임금의 거둥 때 호위하는 군사이며, 협련은 훈련도감에 딸린 군대로 임금의 연(輦)을 호위하는 군사)을 동원하여 신하들을 위협하였고, 겁이 난 홍인한은 영조의 뜻을 따르겠다고 하며, 상협련군이 거둥하라는 명을 거두어 달라고 애원하고 이에 영조는 화를 풉니다. 이후 세손의 측근인 홍국영은 소론의 서명선을 사주하여 홍인한을 비판하고 세손의 대리청정을 지지하는 상소를 올리게 했습니다. 여기에 힘입은 영조는 마침내 홍인한을 삭탈관직하고 세손의 대리청정을 명했던 것입니다. 홍인한은 당장에 영조에게 항의하는 상소를 올렸고 세손을 고립시키기 위해 세손의 측근인 시강원의 홍국영, 정민시 등을 탄핵하는 상소까지 하였으나 세손이 이를 듣지 않자 홍국영을 살해하고자 하는 계획까지 세우기도 했습니다. 하지만, 대리청정 후 2개월 남짓 만에 영조가 사망함에 따라 세손은 영조의 뒤를 이어 왕위에 오르게 됩니다. 결국 정조는 즉위 직후, 세손 시절부터 자신을 위해하고 왕위 계승을 끝까지 방해하였던 홍인한, 정후겸 등을 처형하고 그 무리 70여 명을 처벌하였습니다. 기득권 세력들은 정조가 왕위에 오르면 자신들의 세력이 약화될 것을 우려하였고, 이에 정조의 대리청정을 끝까지 방해하였습니다. 당연히 정조가 즉위한 후에

도 이들은 정조를 조선의 합법적인 군주로 인정하지 않았습니다. 그러므로 정조는 자신의 안위와 국가의 안정을 위해서도 기득권 세력들을 처벌할 수밖에 없었던 것입니다.

이러한 조치의 또 다른 이유 중 하나는 홍인한, 정후겸 등 외척 세력들이 득세하는 나라에는 아무 희망이 없기 때문입니다. 실제로 정조는 쉰 살이 되기도 전에 갑작스럽게 사망했고, 이에 따라 어린 순조가 왕위에 오르면서 정순왕후가 수렴청정을 하게 되었습니다. 또한 몇 년 후 정순왕후 사망 후에는 순조의 장인 김조순에 의해 외척 세력인 안동 김씨가 권력을 잡는 세도 정치가 시작되었습니다. 만약 기득권 세력들의 계획대로 정조가 왕위에 오르지 못했다면, 그들은 허수아비 왕을 세우고 세도 정치를 더 빨리 시작할 수 있었을 것입니다. 이러한 측면에서 정조의 반대파였던 외척 세력 제거는 개혁 정치의 출발점이었다고 평가할 수 있을 것입니다.

7.

정조는 백성들과 함께한
최초의 지도자였다

수원 화성은 유네스코에서 세계 문화유산으로 지정한 곳입니다. 정조의 개혁 의지를 담아 건설하였으며, 정약용이 만든 거중기를 이용해 건축한 것으로도 유명합니다.

#유네스코 세계 문화유산
#정조의 개혁 의지

　　정조 13년(1789), 정조는 당시 주도 세력인 노론의 반대에도 불구하고 사도세자의 묘를 꽃산이라고 불리던 화산(花山)으로 옮겼습니다. 지금도 수원 인근에 있는 현륭원(현재 융건릉의 융릉)이 바로 그곳입니다. 즉 사도세자의 묘를 이장한 후 현륭원을 보호한다는 명목으로 수원을 화성으로 고쳐 유수부로 승격시키고 화성을 건설하게 한 것입니다. 당시 수원은 노론과 결탁해 있던 총융청, 수어청의 중심이었는데 여기에 정조가 장용영을 설치함으로써 경기지역 방어의 주력이었던 이들의 세력을 축소하여 그들과 연결

된 노론 세력을 견제하고자 하였습니다. 즉 정조는 사도세자의 권위를 높임으로써 자신의 정통성을 확보할뿐더러, 장용영을 설치하여 노론과 결탁한 5군영을 축소하여 그들의 세력을 견제하려던 것이라고 할 수 있습니다.

이러한 정조의 의지를 볼 수 있는 것이 바로 능행입니다. 정조 14년부터 정조가 사망하는 정조 24년까지 12차례에 걸쳐 있었던 화성 능행입니다. 능행은 6,000여 명의 인원과 1,400여 필의 말이 동원되어 왕실의 권위를 극대화한 대대적인 행사였고, 백성들과 직접 접촉할 수 있었던 좋은 기회였습니다. 능행 중에서도 가장 규모가 크고 웅장했던 것이 정조 19년 행해진 을묘원행(乙卯園幸)입니다. 이는 당시 살아있었다면 함께 맞았을 아버지 사도세자와 어머니 혜경궁 홍씨의 회갑연을 위한 능행이었습니다. 또한 화성의 위상을 높이겠다는 의지를 보여준 행사입니다. 이 행사에서 정조는 갑자년(1804년)이 되면 왕위를 세자에게 물려주고 어머니 혜경궁 홍씨를 모시고 화성에 내려가 상왕으로 머물겠다는 뜻을 피력합니다. 이 성대한 8일간의 행차에서 정조는 현륭원을 참배하고 대규모의 군사훈련을 직접 지휘까지 하였습니다.

실제로 정조는 화성 능행을 통해 모두 3,355건의 상언과 격쟁을 처리하였다고 합니다. 상언은 백성이 직접 왕을 만나 자신의 억울함을 호소하는 것인데, 왕을 만날 기회가 거의 없었던 당시에는 왕의 행차가 있다는 소식이 있으면, 행차의 길목을 지키고 있다가 대개는 격쟁, 즉 징을 쳐서 왕의 행차를 멈추게 하고 자신의 억울함을 호소하였던 것입니다. 기록상으로 보면 이 상언과 격쟁에 가장 적극적이었던 왕은 역시 정조였습니다.

왜 그랬을까요? 정조는 상언과 격쟁을 통해 백성들과 대화하고자 했던 것입니다. 어쩌면 백성들에게 임금과 말할 기회를 주기 위해 화성 능행을 12차례나 했던 것인지도 모릅니다. 백성들은 이러한 정조를 성군으로 생각했습니다. 자신들의 목소리에 귀 기울여주는 임금이었기 때문입니다. 그

환어행렬도(왼쪽)와 백성들이 어가 행렬을 구경하는 모습을 확대한 부분(오른쪽)

렇다면 정조는 왜 백성들과 직접 대화하는 통치 방식을 사용했을까요? 그
것은 정조가 추진하는 개혁의 대상은 당시에도 강력한 정치 세력이었던 노
론 세력을 비롯한 기득권 세력이었기 때문입니다. 결국 정조의 개혁을 뒷받
침해 줄 수 있는 세력은 실질적으로 백성들뿐이었습니다. 이러한 정조의 의
도를 간파한 노론 세력들이 상언, 격쟁을 금지해야 한다고 주장하기도 했었
지만 정조는 뜻을 굽히지 않았습니다. 백성들과의 유대를 보이고 백성들의
지지를 명백히 보여줄 기회를 절대로 빼앗길 수는 없었기 때문입니다. 백성
과 함께하는 개혁만이 성공할 수 있다고 믿고 실천했던 정조대왕은 현대의
지도자들에게도 좋은 귀감이 될 것입니다. 개혁이란 민중과 함께 가는 길이
니까요.

　이러한 정조의 개혁 정치 중 백성들을 위한 대표적인 정책이 신해통공
입니다. 정조 15년(1791)에 정부가 육의전을 제외한 모든 시전의 금난전권(禁
亂廛權)을 철폐하는 동시에 거대 도매상인 도고(都賈)의 매점매석 행위를 엄
금하게 했는데 이를 신해통공이라고 하죠. 이는 정조가 정부 관리와 권력
가들의 부정부패를 줄이고, 경쟁에 의한 상공업의 발전을 위해 마련한 획기

적 조치였습니다. 이로써 사상들도 서울에서 육의전의 물품을 빼놓고는 자유롭게 상행위를 할 수 있게 되었던 것입니다.

시전 상인은 조선 초기부터 나라의 허락을 받으며 장사를 했던 상인들입니다. 당시 정부는 상인들의 경제력에 의존하는 경향이 커지고 상인들도 정부의 권력을 등에 업고 자본을 축적하려 하니 양자 간에는 유착이 이뤄져, 정부는 시전으로부터 공납을 받는 대신 이들에게 엄청난 특혜를 주었습니다. 그 대표적인 예가 난전을 금지하는 금난전권입니다. 특히 금난전권은 시전이 가지는 최대의 특혜로서 상권을 완전히 독점하는 권력을 가지게 하였습니다. 그러나 특권이 강화될수록 의무도 가중되어 시전의 상품 독점은 정부 관리의 부정과 부패를 부추기고, 사상들의 경제활동을 봉쇄해 상공업의 발전을 막는 폐단을 낳았습니다.

사상들이 나타난 것은 17세기부터였는데 17세기 후반 이후 사상들은 훨씬 적극적으로 상행위를 벌여 종루, 이현, 칠패 등에 근거지를 마련하고 종래의 시전과 대립하기 시작했습니다. 이에 일찍부터 상업을 독점해 왔던 시전 상인들은 정부에 대해 일정한 부담을 지기로 하고 금난전권을 얻어내어 사상들의 활동을 억압하려 하였습니다. 금난전권은 시전 상인들이 자신들의 독점적 지위를 유지하기 위해 정부를 움직여 난전을 고사시키려는 교활한 술책이었던 것입니다. 이후 거의 모든 생활용품이 금난전권의 대상이 되어 독점적인 가격이 형성됨으로써 일반 소비자들과 중소상인들에게 끼치는 금난전권의 폐해는 커져만 갔습니다.

그렇다면 난전들은 어떻게 이에 대응했을까요? 금난전권은 도성에서만 적용되는 것이었기에 금난전권이 적용되는 도성을 벗어나 송파나루 등 지방에서 도성으로 들어오는 길목으로 상권을 확대하면서 상행위를 계속하였습니다. 그러다 오히려 시전에 대해 압박을 가하기 시작하였습니다. 시전이 취급하는 상품은 지방의 생산자가 직접 서울로 가져와서 시전과 거래하였습니다. 이 점을 이용하여 자유 상인들, 즉 난전은 상품이 서울로 들어오는 길목에 나가 상품을 매점하거나 더 나아가서는 직접 생산지에까지 가서 상품을 매점하였던 것입니다. 자유 상인들이 이와 같은 매점을 벌임으로써 시전상인들에게 큰 타격을 주었고, 서울 주변의 상업중심지를 활동무대로 확보하여 성장하였던 것입니다.

이렇게 성장을 한 자유 상인들은 시전과 결탁해 온 정부를 자신들의 편으로 돌릴 수 있었고 18세기 후반 개혁 군주 정조는 금난전권을 사실상 철폐하여 소비자와 중소상인들을 보호하는 정책을 실행한 것입니다. 이러한 자유 상인들의 시전에 대한 승리는 우리 역사에서 보기 드문 서민 출신들의 승리였습니다. 자유 상인들이 당시의 기득권 세력이었던 시전 상인들의 교활한 금난전권에 대항한 방법은 금난전권의 맹점을 이용하는 것이었고, 시전과 정부의 오래된 결탁을 끊은 것이었습니다. 다시 말해 자유 상인들은 시전들이 교활하게 나오자 똑같이 교활하게 맞서 싸워서 승리한 것입니다.

정조는 개혁을 위해서 가장 시급한 것이 정경유착의 차단인 것을 알고 있었습니다. 정경유착은 국가의 재정을 약화하고, 부정부패를 증가시키고, 사회적 불평등을 심화시키는 악영향을 미칩니다. 조선 후기 상품화폐경제가 발달하면서 경제력이 권력과 결합하여 일어났던 정경유착과 부정부패의 고리를 끊지 않고서는 정치 개혁과 상공업의 발전에 의한 부국강병도 이루어질 수 없다는 것을 알고 정경유착의 근원인 금난전권을 철폐하였던 것입니다.

이와 같이 정조는 백성들과 대화하며 백성들의 억울함을 풀어주었으며, 백성들 중 먹고살기 위하여 국가의 허락 없이 장사를 시작하며 성장한 난전들에 대해 자유로운 상업 활동을 보장하기 위해 개혁을 이끈 왕이었습니다. 이미 권력을 가진 양반들은 상소 등을 통해 얼마든지 임금에게 자신의 의견이나 불만을 표시할 수 있었고, 시전 상인들 역시 금난전권이라는 독점판매권으로 큰 이익을 보고 있었습니다. 이러한 기득권 세력들에 맞설 기회를 정조가 백성들에게 주었던 것이죠. 시대를 앞서가며 조선의 부흥을 이끌었던 정조의 이른 죽음이 더욱 안타까운 이유입니다.

8.

왜 정순왕후는 정조의 임종을 혼자 지켰을까?

도제조 이시수가 왕대비에게 들어가 여쭙기를, "인삼차에 청심원을 개어서 끓여 들여보냈지만 이제는 아무것도 드실 길이 만무합니다. 천지가 망극할 따름입니다" 하고, 목을 놓아 통곡하였다. 왕대비가 분부하기를, "내가 직접 받들어 올려드리고 싶으니 경들은 잠시 물러가시오" 하므로, 환지 등이 명을 받고 잠시 문밖으로 물러 나왔다. 조금 뒤에 방 안에서 곡하는 소리가 들리자 환지와 시수 등이 문밖으로 바싹 다가가 큰 소리로 번갈아 아뢰기를, "신들이 이와 같은 망극한 변을 만나 지금 4백 년의 종묘사직의 안전이 극도로 위태롭게 되었는데 신들이 우러러 믿는 곳이라고는 우리 왕대비전하와 자궁저하(慈宮邸下)일 뿐입니다. 동궁저하께서 나이가 아직 어리므로 감싸고 보호하는 책임이 우리 자전전하와 자궁저하에게 달려 있을 뿐인데 어찌 그 점을 생각지 않고 이처럼 감정대로 행동하십니까. 게다가 국가의 예법도 지극히 엄중하니 즉시 대내로 돌아가소서" 하였는데, 한참 뒤에 자전은 비로소 대내로 돌아갔다.

_『정조실록』 정조 24년 6월 28일 기묘 9번째 기사 중

위 내용은 정조가 사망한 날의 기록입니다. 그런데 정조 사망 당시에 임종을 지킨 유일한 사람이 바로 정순왕후였습니다. 정순왕후는 "내가 직접 받들어 올려드리고 싶으니 경들은 잠시 물러가시오" 라고 말하며 방 안에 아무도 없는 상황을 만들고, 정조와 정순왕후 둘만 남은 상황에서 정조는 바로 사망하였습니다. 방 안에서 정순왕후가 곡하는 소리가 들리자 심환지와 이시수는 "국가의 예법도 지극히 엄중하니 즉시 대내로 돌아가소서"라고 하였지만 정순왕후는 한 참 뒤에나 방 안에서 나와 돌아갔다고 합니다.

이인화가 쓴 소설 『영원한 제국』으로 정조 독살설이 대중에게 폭넓게 알려진 이후 많은 사람들이 정조 독살설을 사실로 믿고 있습니다. 저 또한 정조 독살설이 사실이라는 심증은 갖고 있습니다. 그 이유는 정조의 개혁 작업이 본격적으로 시작되고, 기득권 노론 세력을 제거할 시기가 다가오고 있는 상황 직전에 정조가 사망하였기 때문입니다. 그렇다면 왜 정조 독살설이 제기되는지 살펴보도록 합시다.

정조 독살설의 핵심은 두 인물, 즉 이시수와 정순왕후입니다. 이시수는 정조의 최대 반대 세력인 노론 벽파로서 당시 약원 도제조였고, 정순왕후는 영조가 66세 때 15세의 나이로 중전이 되었고, 아버지인 김한구와 함께 사도세자의 제거에 앞장섰던 인물입니다. 따라서 정조 즉위 직후 정순왕후의 친정 가문은 몰락하였고, 한마디로 정조와 정순왕후는 정적 관계에 있었습니다. 정조는 사망 20여 일 전부터 종기가 머리에서 등 쪽까지 퍼지며 앓기 시작하였는데, 이시수는 정조의 사망 직전 치료를 위해 경옥고를 복용할 것을 자꾸 권하였습니다. 의학에도 조예가 깊었던 정조는 자신의 체질에 맞지 않다며 복용을 거부하였습니다. 그러나 사망 이틀 전인 6월 26일 드디어 경옥고를 복용하였고, 이후 증세가 갑자기 악화되었습니다. 6월 28일 정조의 증세가 매우 악화된 상황에서 정순왕후는 다른 신하들을 모두 내보낸 후 혼자 정조의 임종을 지켰습니다. 임금의 임종 장면과 시각은 상세히 기록하는 것이 보통인데, 『정조실록』에는 "이날 유시에 상이 창경궁 영춘헌에서 승하했다"라고 매우 간략하게만 기록되어 있습니다. 이는 정순왕후가 홀로 임종을 지킨 것과 무관하지 않은 것입니다.

정조 사망 후 즉위한 정조의 아들 순조는 11살로 미성년이었기 때문에 왕실의 가장 큰 어른인 정순왕후가 수렴청정하게 되면서 정순왕후의 친정 가문은 부활하였고, 또다시 노론 정권이 수립되었습니다. 정순왕후는 정권을 잡자마자 천주교를 탄압하는 신유박해를 일으켜 남인 세력을 완전히 제거하여 노론 정권의 위상을 굳혔습니다. 수렴청정이 끝난 후에는 순조비 순원왕후의 아버지 김조순이 안동 김씨의 세도 정치를 시작하였고, 헌종, 철종까지 60여 년간의 세도 정치가 이어진 것입니다. 결국 정조의 개혁은 그의 죽음과 동시에 실패하였고, 오히려 더 극단적인 수구 체제인 특정 가문이 권력을 독점하는 세도 정치가 이루어짐으로써 백성은 도탄에 빠지고 조선이 결국엔 망하게 되는 역사의 반동이 일어났던 것입니다.

서북공심돈 수원 화성의 일부. 외부 침입을 감시하고 방어하기에 유리하도록 성에서 약간 돌출하여 건축하였으며, 내부에 군인들이 머물 수 있는 공간을 만든 망루입니다.

만약 정조가 독살되었다면 독살을 한 세력은 왜 정조를 죽여야 했을까요? 정조의 종기가 심해지고 있던 6월 16일 정조는 다음과 같은 발언을 합니다.

상이 이르기를, "그렇다면 한 첩을 더 달여 들여오도록 하라. 대체로 이 증세는 가슴의 해묵은 화병 때문에 생긴 것인데 요즘에는 더 심한데도 그것을 풀어버리지 못해서 그런 것이다. 크거나 작은 일을 막론하고 하나같이 침묵을 지키며 신하들을 접견하는 것까지도 다 차츰 피곤해지는데 조정에서는 두려울 외(畏) 자 한 자가 있는 줄을 알지 못하니, 나의 가슴속 화기가 어찌 더하지 않을 수 있겠는가. [중략] 숨어있는 음침한 장소와 악인들과 교제를 갖는 작태를 내가 어찌 모를 것인가. 내가 만일 입을 열기만 하면 상처를 받을 자가 몇 사람이나 될지 모르기 때문에 우선 참고 있는데, 지금까지 귀를 기울이고 있어도 하나도 자수하는 자가 없으니, 그들이 무엇을 믿고 감히 이런단 말인가. 이른바 교제를 하고 있다는 것도 한 군데만 교제를 하는 것이 아니라 사면 팔방으로 부정한 경로를 믿고 비밀히 서로 내통하지 않은 것이 없으니, 이것이 또한 사대부들이 하는 짓인가. 내가 그들을 사대부로 간주하지 않기 때문에 우선 방치하고 있으나 지금 세상에 살면서 감히 이와 같은 버릇을 자행한단 말인가. 아무개가 어디에서 이런저런 작태를 벌인 것에 대해 나도 익히 들은 것이 있으니 분명히 조사하여 엄중히 조처하는 것은 한번 행동으로 옮기기만 하면 결판이 날 판인데, 그들은 오히려 무서운 줄을 모른단 말인가"하니 [하략]

_『정조실록』 정조 24년 6월 16일 정묘 1번째 기사 중

정조는 우선 '조정에서는 두려울 외(畏) 자 한 자가 있는 줄을 알지 못한다'라고 말하며 대숙청을 예고하였습니다. 어떤 세력들이 모의하고 있는지

알고 있다며 '그들은 오히려 무서운 줄을 모른단 말인가'라는 경고 발언도 합니다. 이러한 발언은 노론들에게는 두려운 일이었습니다. 더 이상 시간이 없음을 본능적으로 느낀 노론들의 음모는 결국 이시수와 정순왕후의 미심 쩍은 행동으로 나타났고, 세상은 그들의 것이 되었습니다. 사실 정순왕후는 정조가 즉위하자마자 정조를 암살하려고 시도한 사건의 배후로도 의심됩니다. 먼저 『정조실록』의 기록을 봅시다.

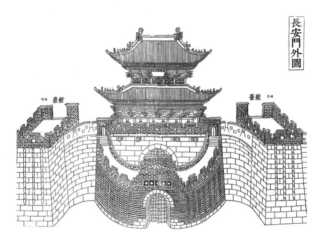

장안문 외도 <화성성역의궤>에 그려져 있는 장안문.

강월혜가 공초하기를, "고 상궁은 곧 방주(房主)이기 때문에 과연 강용휘(姜龍輝)가 한 말을 전했더니, 고 상궁이 만류하지도 않았고 또한 그의 양녀(養女) 복문 상궁(福文尙宮)과 함께 방 안에서 이 일을 비밀로 말하며 속으로 성공하기 바랐었습니다"고 하였다. 드디어 고수애(高秀愛)와 복빙(福氷)을 국문하였다. 수애는 곧 고 상궁이고 복빙은 곧 복문 상궁인데, 다 같이 자복하지 않았다.

_『정조실록』 정조 1년 8월 11일 갑진 1번째 기사 중

위의 기록은 정조를 암살하려던 자객 강용휘의 딸인 궁녀 강월혜가 암

살 작전에 대해 상궁 고수애에게 말했는데, 이를 만류하지 않고 비밀을 유지하며 오히려 암살 작전의 성공을 바랐다는 것입니다. 그런데 상궁 고수애는 정순왕후 밑에 있던 사람이었습니다. 이는 정순왕후 역시 이 작전을 알고 있었으며, 암살 작전의 배후가 정순왕후였을 가능성을 보여줍니다. 강용휘는 호위청 군관으로 현대로 말하면 대통령 경호실 요원과 같습니다. 즉 대통령 경호실 요원이 대통령 암살을 시도한 것과 마찬가지입니다. 그런데 강용휘의 딸은 이 암살 작전을 정순왕후 쪽 상궁에게 전하였고, 함께 비밀을 공유하며 암살 성공을 바라는 한편이 되었다는 것입니다.

암살 작전이 성공하였을 때 가장 이익을 보는 사람이 누군가를 생각하면 주범을 알게 됩니다. 만약 정조가 암살되었다면 정조의 후사가 없는 상황이었기 때문에 다음 왕위는 정순왕후가 정하게 되어 있었습니다. 모든 권력이 정순왕후에게 넘어갈 수 있는 상황이었던 것이죠. 즉 정순왕후가 고상궁을 통해 궁녀 강월혜의 아버지 강용휘를 끌어들여 암살 작전을 주도하였다고 보는 것이 더 타당하죠. 또한 정순왕후가 정조가 가장 사랑했던 의빈 성씨를 독살했을 것으로 의심되는 정황이 있습니다. 다시 『정조실록』의 기록을 봅시다.

> 대제학 김종수가 뵙기를 청하여 아뢰기를, "어떤 인사가 찾아와서 이 종이쪽지를 보여주었습니다. 그 종이쪽지에 '동내에 있는 손가(孫哥)란 놈이 찾아와서 말하기를 9월에 병환을 앓을 때 내관 이지사(李知事)가 약물을 살펴보는데, 약국의 약을 쓰지 않고 그의 약을 달여서 올렸으므로 그것을 먹고 그 즉시 죽었다. 비록 이런 일이 있으나 아는 자가 없었다. 왕대비께서 이를 알아차리고 상감(上監)에게 고하자, 상감이 이 말을 듣고 매우 놀라 바로 성빈(成嬪)의 치상소(治喪所)에서 이지사를 붙잡아다 그 즉시 내보내 목을 베려고 하였다.
> _『정조실록』 정조 10년 12월 27일 병인 5번째 기사 중

위 내용은 대제학 김종수가 어떤 인사가 가져온 종이쪽지의 내용을 정조에게 묻고 정조가 이에 대해 답하는 기록의 일부입니다. 그런데 종이쪽지에는 내관 이지사(이윤묵)가 의빈 성씨에게 약국의 약이 아닌 자신의 약을 올려서 먹게 하였는데, 그 직후 의빈 성씨가 죽었다고 적혀 있었다는 것입니다. 그리고 이 사실을 알게 된 정순왕후가 정조에게 알리자 의빈 성씨의 장례식장에서 이 소식을 들었고 이윤묵을 붙잡아 와 목을 베려고 하였다는 것이죠. 그러나 사실 정조는 이윤묵을 죽이지는 않았습니다. 그런데 당시 의빈 성씨가 독살되었다는 소문은 있었습니다. 『정조실록』의 다음 기록을 봅시다.

임금이 말하기를, "병이 이상하더니, 결국 이 지경에 이르고 말았다. 이제부터 국사를 의탁할 데가 더욱 없게 되었다" 하였다. 이는 대체로 의빈의 병 증세가 심상치 않았으므로 당시 사람들이 무슨 빌미가 있는가 의심하였다고 하였다.

_『정조실록』 정조 10년 9월 14일 갑신 2번째 기사 중

위 내용은 의빈 성씨에 대한 졸기(돌아가신 분에 대한 평가)에 나오는 기록으로 사람들이 의빈 성씨의 병증세에 대해 이상하다고 의심하였다는 것입니다. 이와 관련된 기록은 다시 『정조실록』에 다음과 같이 나옵니다.

그런데 천만 뜻밖에 5월에 원자가 죽는 변고를 만나 성상이 다시 더욱 위태로워졌으나 그래도 조금은 기대할 수 있는 소지가 있었는데, 또 9월에 상의 변고를 당하였다. 궁빈(宮嬪) 하나가 죽었다고 해서 반드시 이처럼 놀라고 마음 아파할 것은 없지만, 나라에 관계됨이 매우 중하기 때문이다. 두 차례 상의 변고에 온갖 병증세가 나타났으므로 처음부터 이상하게 여기었는데 필경이 지경에 이르고 말았다.

_『정조실록』 정조 10년 12월 1일 경자 2번째 기사 중

거중기 복원 모형

위 내용은 정순왕후가 한글로 써서 내린 언문교지의 일부입니다. 그런데 이 교지에 따르면 정조 10년 5월에 문효세자가 죽고, 9월에 의빈 성씨가 죽었는데, 두 사람의 죽음에 온갖 병증세가 나타났으므로 처음부터 이상하게 여기었다는 것입니다. 즉 정순왕후는 의빈 성씨의 독살설을 줄기차게 주장했던 장본인이었던 것이죠. 그렇다면 실제로 의빈 성씨와 문효세자가 독살당했다면 독살로 가장 이익을 본 사람은 누구였을까요? 만약 문효세자가 살아있었다면 정조가 죽은 1801년 20세의 나이로 즉위하였을 것입니다. 다시 말해 정순왕후의 수렴청정은 필요 없었던 것이죠.

정조가 세손 시절에 당한 수많은 암살 시도의 배후에는 정순왕후 가문이 개입되어 있었다고 볼 수 있습니다. 앞서 이야기한 것처럼 정조 즉위 직후 벌어진 암살 시도에도 정순왕후 쪽 상궁이 개입되어 있었습니다. 게다가 정조가 가장 사랑한 의빈 성씨와 그 아들 문효세자의 죽음으로 가장 이익을 본 사람도 정순왕후입니다. 도둑이 제 발 저리다고 의빈 성씨에 대한 독살설을 계속 떠든 사람 역시 정순왕후였죠. 그러했던 정순왕후가 정조에게 마지막 탕약을 올리겠다고 하며 다른 사람들을 모두 내보내고 둘만 남은 상황에서 정조가 사망했다는 것은 너무나도 의심스러운 일입니다. 그러나 심증만 있을 뿐이지 물증이 없으므로 역사의 진실은 누구도 알 수 없는 미스터리가 되었다고 할 수 있습니다.

IV.

정의로운
한국 근대사

1.

흥선대원군은 왜
'상갓집 개'라고 욕먹었을까?

남연군 묘 충청남도 예산군 덕산면 소재.

2018년 개봉한 영화 〈명당〉은 흥선대원군이 충청남도 덕산에 있던 가야사를 불태우고, 그 자리에 아버지 남연군의 묘를 썼다는 역사적 사실을 바탕으로 한 영화입니다. 가야사의 자리에 무덤을 쓰면 그 후손 중 '2대 천자'가 나온다는 풍수지리설을 믿고 흥선군이 남연군의 묘를 이장한 것이라는 이야기입니다. 이 영화 역시 초반에 흥선군이 '상갓집 개'라는 소리를 듣는 장면이 묘사됩니다. 이 영화의 '장동 김씨'는 실제로는 '안동 김씨'입니다.

김동인 소설 『운현궁의 봄』을 쓴 작가.

세도 정치 시기, 권력을 잡고 있던 안동 김씨 집에 찾아와 술과 안주를 얻어먹으려 하는 흥선군에게 안주를 땅바닥에 던져 주자 그것을 주워 먹는 영화 속 흥선군의 모습은 말 그대로 '상갓집 개'였습니다. 그렇다면 이 '상갓집 개'라는 흥선군의 이미지는 어떻게 만들어진 것일까요? 먼저 김동인의 소설 『운현궁의 봄』의 다음 부분을 먼저 보시죠.

전 상감은 자기의 칠촌 조카이며, 현 상감은 자기의 육촌 동생이로되, 이 영락된 오자 흥선은 척신 김씨의 세력에 압도되어, 마치 상갓집 개와 같이 주린 배를 움켜쥐고 투전판이며 술집을 찾아서, 시정의 무뢰한들과 어깨를 겨루고 배회하는 것이었다. 그리고 때때로 술값이라도 정 몰리면, 붓을 잡아 난초를 그려서 그것을 팔아 달라고 각 대관의 집을 지근지근 찾아다니는 것이었다. 마음이 끝없이 교만한 대관 댁 청지기며 하인들에게 갖은 비웃음을 다 받지만, 이 공자는 그것을 아는지 모르는지, 여전히 폐의파립으로 그들의 집을 찾아다니며 귀찮게 구는 것이었다.   _『운현궁의 봄』 중

이 소설에서 묘사된 모습이라면 흥선군은 분명히 '상갓집 개'였다고 볼 수 있습니다. 그렇다면 실제 흥선군의 모습은 어떠했을까요? 다시 『철종실록』의 기록을 보시죠.

비록 고(故) 남연군(南延君) 이구(李球)는 순고(純考, 순조)에게 지절(至切)한 의친(懿親)이 되었으나, 시절(時節)의 경하(慶賀) 외에는 무상출입(無常出入)을 하

지 않았는데, 요즈음 한둘의 종신(宗臣)이 일차(日次)마다 문득 기거(起居)를 일삼고 있으니, 곧 또한 어디에 근거하여서 그러한 것입니까? 전자에는 남연군(南延君)이 감히 하지 못하던 바이며, 후자에는 흥인군(興仁君)·흥선군(興宣君)이 하지 못했던 것인데, 한둘의 종신은 어찌하여 그러합니까? 엎드려 원하건대, 환첩(宦妾)은 한결같이 우리 조종의 법으로 단속하여 제어하고, 종친(宗親)의 기거(起居)는 한결같이 남연군·흥인군·흥선군을 본받도록 하소서.

『철종실록』 철종 3년 7월 10일 무오 1번째 기사 중

위 내용은 당시 홍문관 부교리 김영수의 상소문 일부입니다. 당시 고인이 된 남연군은 생전에 순조와 친한 왕족이었음에도 함부로 궁궐을 출입하지 않았고, 그 아들들인 흥인군, 흥선군도 이를 따랐다는 것입니다. 그런데 다른 왕족들은 함부로 궁궐에 출입하고 있으니 왕족들이 남연군, 흥인군, 흥선군을 본받도록 해야 한다는 주장이었습니다. 당시는 1852년으로 흥선군이 권력을 잡기 10여 년 전입니다. 만약 흥선군이 '상갓집 개'라는 소리를 듣고 있었다면 이러한 기록이 실리기 어려웠을 것입니다. 그렇다면 소설가 김동인은 왜 흥선군을 이러한 별명으로 불렀던 것일까요? 흥선군이 권력을 잡기 전부터 심복이었던 인물들이 이른바 '천하장안', 즉 천희연, 하정일, 장순규, 안필주로 이들은 중인 출신이었습니다. 게다가 흥선대원군은 정부 주요 직책에도 중인들을 많이 등용하였습니다. 다시 박제경이 쓴 『근세조선정감』의 다음 기록을 보시죠.

형조의 책임을 맡은 아전에는 오도영을, 호조의 책임을 맡은 아전에는 김완조와 김석준을, 병조에는 박봉래를, 이조에는 이계환을, 예조에는 장신영을, 의정부 팔도의 책임을 맡은 아전에는 윤광석을 뽑아서 맡겼다. 이들은 모두 대대로 아전 일을 보았던 집안의 후손들이어서 전례를 잘 알고 있

흥선대원군 이하응

었기 때문에, 일을 당하면 곧바로 판단하여 처리하였다. 대원군이 하나같이 그들의 말을 따랐다.

_『근세조선정감』 중

위 기록에 따르면 흥선대원군은 '아전 일을 보았던 집안의 후손', 즉 중인 출신들을 중용하였다는 것이죠. 실제로 흥선대원군은 안동 김씨 등 세도 가문들을 몰아내고 인재를 고르게 등용하면서 왕권을 강화하였습니다. 흥선대원군의 심복들인 '천하장안'은 권력을 잡기 전부터 심복이었습니다. 당시 왕족이 중인들과 가깝게 지낸다는 것은 세도 가문들이 보기에는 한심하게 보였을 것이 분명합니다. 왕을 허수아비로 만들고 권력을 휘두르는 세도 가문들이 흥선군을 '상갓집 개'라고 뒤에서 욕하고 무시했을 가능성은 충분히 있습니다.

그리고 흥선대원군이 집권한 이후 '상갓집 개'라고 욕하는 세력들이 나타났을 것입니다. 흥선대원군의 개혁 정책 중 가장 대표적인 것이 서원 철폐입니다. 서원 철폐에 반발한 유생들이 대궐 문 앞에 모여 시위를 벌이자, 흥선대원군은 군대를 동원하여 유생들을 강제 해산시킵니다. 당시 흥선대원군은 다음과 같이 말했다고 합니다.

대원군이 크게 노하여 말하기를 "진실로 백성에게 해 되는 것이 있으면 비록 공자가 다시 살아난다 하더라도 나는 용서하지 않겠다. 하물며 서원은 우리나라 선유(先儒)를 제사하는 곳인데 지금은 도둑의 소굴이 됨에 있어서랴"라고 하였다.

_『근세조선정감』 중

청소년을 위한 한국사

집중 조명 홍선대원군의 정책

• 왕실 권위를 회복하다
• 삼정 문란을 시정하다
• 법률 체계를 정비하다
• 세도 정치를 타파하다
• 국가 재정을 확충하다

위 기록에 따르면 홍선대원군은 당시 서원의 문제점을 정확히 파악하고 있었습니다. 서원이 원래의 설립 목적인 선유, 즉 훌륭한 유학자들에 대한 제사를 지내는 곳이 아닌 나라와 백성의 재산을 훔치는 도둑의 소굴이 되어버렸다는 비판입니다. 그래서 홍선대원군은 반발하는 유생들을 잡아서 한강 건너편으로 몰아내 버렸던 것이죠. 이를 보고 있던 백성들은 홍선대원군을 지지하였습니다. 이렇게 많은 백성들이 서원 철폐를 지지한 이유는 당시 서원들 대다수가 이 면세, 면역의 특권을 악용하여 백성들을 수탈하는 소굴의 역할을 했기 때문입니다.

서원에서 일하는 사람들이나 공부하는 유생들에게는 면세, 면역의 특권이 주어졌는데, 이를 이용하여 서원들은 백성들에게 돈을 받고 서원에 속하는 것으로 장부를 조작하였습니다. 한마디로 백성들이 탈세하는 것을 도와주는 대가로 서원들이 돈을 벌었던 것이죠. 서원은 이렇게 번 돈으로 고리대를 하여 백성들을 착취하기까지 하였습니다. 이러한 서원들의 행태는 지금으로 치면 불법사채업을 하는 깡패들의 모습과 같았습니다. 그래서 홍선대원군은 서원이 '도둑의 소굴'이 되었다고 생각하였던 것이죠. 서원은 백성들에게 해를 입히는 '도둑의 소굴'이기 때문에 '공자가 다시 살아난다 하더라도 나는 용서하지 않겠다'라고 말하며 서원 철폐를 강력하게 추진하였던 것입니다. 이러한 홍선대원군에게 불만을 가진 양반들은 홍선대원군을 중인들과 백성들과 한통속인 '상갓집 개'라고 욕하였을 것으로 보입니다. 즉 나라의 주인인 양반들을 배신하고 물어뜯은 홍선대원군을 '개'라고 욕하였던 것이죠. 그러나 진짜 '개'는 누구일까요? 공자가 다시 살아나 당시 상황을 보았다면 '개'라고 욕한 대상은 홍선대원군이 아니라 양반들이었을 것입니다. 공자의 가르침 속에 도둑질하라는 말씀은 없기 때문이죠.

다시 영화 〈명당〉 이야기로 돌아가서 홍선군은 장동 김씨가 눈독 들이던 '2대 천자가 나는 명당'을 차지하기 위해 충청남도 덕산에 있던 가야사에 불을 지릅니다. 그리고 자신의 아버지 남연군의 묘를 이장하여 명당을 차지합니다. 실제로 홍선군은 원래 경기도 연천에 있던 남연군의 묘를 1846년 충청남도 덕산으로 이장하였습니다. 연천은 서울 북쪽의 경기도 북부인데, 현재 자동차로 움직여도 충남 덕산까지는 3시간이 넘게 걸리는 거리입니다. 이같이 엄청나게 먼 거리를 이동하여 이장한 것은 사실 한 가지 이유밖에 없다고 할 수 있습니다. 바로 명당이었기 때문입니다. 또한 남연군 묘의 이장은 홍선군의 권력에 대한 욕망이 매우 컸다는 것을 보여줍니다. 그리고 이러한 욕망의 결과는 둘째 아들 이명복을 왕으로 만들고 대원군이 되어 권력을 잡은 것이었습니다. 그러나 '2대 천자가 나는 명당'의 결과는 고종 황제, 순종 황제의 즉위로 나타났지만 결국 나라가 망하는 비참한 결과로 가게 되었으니 역사의 아이러니라고 할 수 있을 것입니다.

2.

위정척사 운동은 왜
실패했을까?

위정척사 운동의 민족적인 의의는 분명히 높은 역사적 의의가 있습니다. 그러나 위정척사 운동의 체제 유지적 한계성은 계속 비판받아 왔던 문제입니다. 그 측면에서 위정척사 운동을 비판하도록 하겠습니다.

위정척사(衛正斥邪)란 바른 사상(정학, 즉 성리학)을 지키고 그릇된 사상(사학)을 물리친다는 뜻입니다. 위정척사 사상은 본래 조선 사회의 봉건적 질서 이념에 해당하는 성리학을 유일한 정학으로 보고, 양명학을 포함한 모든 다른 조류나 유교 외의 모든 다른 사상과 학문을 이단적인 사학으로 봅니다. 그러나 일반적으로는 조선 말기의 위정척사 운동을 의미합니다. 서구 열강의 침입, 천주교 세력의 증대, 민란의 빈발, 기강의 문란, 민심의 동요, 사회불안의 조성 등 국내외의 위기가 깊어짐에 따라 고조되었던 것이 그 배경이라고 할 수 있습니다. 위정척사 운동은 1860년대 통상 반대 운동, 척화주전론, 1870년대 왜양일체론, 개항 불가론, 1880년대 개화 반대 운동을 전개하였고 1890년대 이후로는 항일 의병 운동으로 계승되었습니다.

이렇게 위정척사 운동은 외세의 침략을 경고하며 정부의 개화 정책을 비판하였습니다. 또한 당시 피지배층들의 지지까지 얻어 의병장으로서 의병 전쟁을 이끌기도 하였습니다. 그러나 위정척사 운동을 이끈 세력들의 한계가 있었습니다. 그렇다면 그 한계성은 무엇일까요? 위정척사 운동을 주도한 세력은 성리학적 명분론을 내세우며 조선 후기 사회변화에 저항하며 자신들의 지배적 지위를 계속 유지하려 하였던 양반 기득권층이었습니다.

임진왜란과 병자호란을 겪으면서 지배층의 위선과 가식을 깨달은 피지배층은 '우리도 인간이다'라며 각성하고, 스스로의 힘과 노력으로 사회를 변화시켜 나갔습니다. 그러나 지배층은 이러한 피지배층의 움직임에 반대하여 이들을 더욱더 억압하고, 오히려 성리학적 사회질서와 자신들의 이익을 강요하였습니다. 또한 대동법의 개혁은 100년이나 걸릴 만큼 기득권층의 저항이 심했습니다. 영조, 정조 시대 이루어진 균역법, 금난전권 폐지 등 많은 개혁은 정조의 죽음 이후 도루묵이 되었습니다. 세도 정치 속에 부정부패가 만연하고, 백성들은 도탄에 빠졌습니다. 이런 와중에 흥선대원군이 집권하였고, 호포법, 서원 철폐, 능력에 따른 인재 등용 등의 개혁을 추진하였습니다. 이러한 개혁에 반대하는 양반 지배층과 민씨 세력의 결탁으로 흥선대원군은 결국 쫓겨났던 것입니다.

그렇다면 위정척사를 주장했던 양반 유생들은 왜 외세와 맞서 싸울 것을 주장했을까요? 이들 세력의 이전 행태에서 알 수 있듯이 이들은 자신들의 지배체제와 이익을 유지하기 위해 자신들의 지배체제를 파괴하려고 다가오는 외세와 싸울 수밖에 없었던 것입니다. 결국 이들은 민족과 백성을 위해 싸운 것이 아니라 자신들의 이익을 위해 싸웠던 것입니다. 위정척사를 주장했던 이들은 실제로 1894년 외세와 맞서 싸웠던 동학농민운동에 반대하였습니다. 그 이유는 피지배층들이 반봉건을 내세웠기 때문이죠. 자기가 키우는 개가 도둑을 물어뜯는 건 좋지만, 주인인 자기까지 물어뜯는 건 싫었기 때문이죠. 1895년 명성황후 시해와 단발령에 저항하여 일어난 을미의

병은 결국 고종이 해산하라는 명령을 내리자
즉각 해산합니다. 신하가 왕의 명령을 거스
를 순 없다는 것이죠. 곧 피지배층이 지배층
에 항거해서는 안 된다는 것입니다.

을사의병 때 최익현은 일본이 보낸 관군
과 대치하게 되자, "너희들이 왜군이라면 즉
각 결전하겠으나, 동족끼리 죽이는 일은 차
마 못 하겠다"라고 말하며 항전을 중단하였
습니다. 그리고 유배지인 대마도로 가는 길
에는 일본 흙을 밟지 않겠다며 신발에 우리
흙을 넣어 갔고, 대마도에선 조선에서 가져
온 한 동이의 물만 마시면서 단식 끝에 숨을
거뒀습니다. 단식을 통해 순국한 측면에서는

최익현 초상화 채용신 그림.
2016년 미국에서 국내로 돌아옴.

최익현은 분명히 애국자입니다. 하지만 일본놈 한 명이라도 더 죽이고 싸우
다가 죽어간 많은 의병에 비하면 최익현의 단식을 통한 죽음은 죽어서도 신
체를 깨끗이 유지할 수 있기를 바라는 성리학적인 죽음이 아니었는가 하는
생각이 듭니다. 그래도 최익현은 나라를 위해 죽음으로써 그의 애국심을 분
명히 보여주었다고 생각합니다.

마지막 의병 전쟁인 정미의병은 서울 진공 작전을 위해 전국 의병의 서
울 근교에 집결까지 하고도 흐지부지되었습니다. 그 이유는 한심하게도 양
반 출신 의병장과 평민 출신 의병장의 갈등 때문이었습니다. 즉 개는 군견
이 될 순 있어도 장군이 될 수는 없다는 논리였죠. 결국 당시 양반 유생들
은 나라가 망해 가는 와중에도 자신들의 지배체제 유지만을 생각했다는
것입니다. 결국 1만여 명의 전국 의병이 집결하여 결성한 의병연합부대인
'13도 창의군'은 유생 의병장 부대로만 이루어졌습니다.

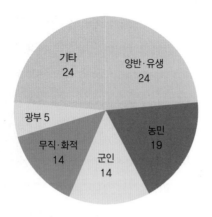

정미의병 당시 의병장 출신 비율

　　당시 전체 의병장의 약 75%가 평민 출신 의병장이었다는 것을 생각하
면 유생 의병장들의 신분 의식은 정말 안타까운 일입니다. 게다가 이인영
총대장은 마침 부친상을 당해 삼년상을 치르고 다시 의병을 일으키겠다며
고향으로 돌아가 버리게 되었고, 구심점을 잃은 창의군은 각지 의병부대와
의 연계가 끊어지고, 결국 서울진공작전은 실패로 돌아갔습니다. 양반 출신
의병장들의 신분 의식이 의병 작전을 망쳐버린 것입니다.

　　이와 같이 의병 운동은 민중들의 자발적인 민족적 저항이었음에도 불
구하고, 양반 출신 의병장들은 평민 출신 의병장들을 차별하고 경멸하였습
니다. 양반 출신 의병장들의 신분 의식은 의병 운동의 통일성과 효율성을
저해하였으며, 결국 서울진공작전의 실패로 이어졌습니다. 양반들의 신분
의식은 민족의 힘을 약화시켰고, 민족의 운명을 가르는 중대한 결전의 순간
에도 신분을 우선시했다는 점에서 비판받아야 마땅합니다.

3.

세상을 바꾸는 건
항상 약자였다

* 답사 주제 : 동학농민운동
* 답사 경로 : 만석보 터 → 전봉준 고택 → 고부 관아 터 → 황토현 전적지

2019년 SBS에서 방송한 드라마 〈녹두꽃〉에서는 동학농민운동의 전개 과정을 다루었습니다. 드라마 초반에 동학농민운동의 출발점이 된 고부 농민 봉기가 일어난 상황이 묘사되었죠. 먼저 전봉준이 고부(현재 전북 정읍) 군수 조병갑 앞에서 재판받는 장면에서 만석보 물을 사용한 대가로 물세를 내지 않고 항의했다는 이유로 곤장 100대에 처한다는 내용이 나옵니다. 그

런데 실제로 곤장을 맞고 사망한 사람은 바로 전봉준의 아버지 전창혁이었습니다. 전창혁은 1893년 조병갑의 모친상 부조금 2천 냥을 모금하여 내라는 명령을 거부하였다는 이유로 곤장을 맞고 사망하였습니다. 이러한 원한을 배경으로 1894년 3월 전봉준은 고부 농민 봉기를 일으키게 되는데, 당시 이른바 '민란'이 일어날 때 봉기 참가자를 모으면서 작성한 '사발통문'이 어떻게 그려지는지 드라마에서 묘사되기도 하였습니다. 사발(사기로 만든 국이나 밥을 담는 그릇)을 가운데 두고 동그라미를 그린 후 둥글게 참가자의 이름들을 썼는데, 둥글게 쓴 이유는 주동자가 누군지 알 수 없도록 하기 위함이었죠.

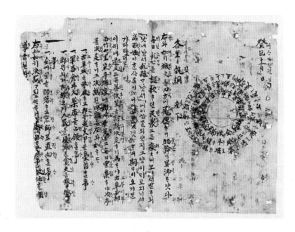

사발통문 고부 농민 봉기를 일으킨 참가자들의 이름이 둥글게 쓰여 있습니다.

고부 농민 봉기가 일어나자 조병갑은 도망치고 전봉준은 만석보를 폭파합니다. 당시 만석보의 물을 사용하는 대가로 너무 비싼 물세를 내게 하자 이에 대한 불만이 폭발한 사건이 바로 고부 농민 봉기라고 할 수 있습니다. 조병갑 등 탐관오리들의 부정부패를 상징하는 만석보를 파괴하는 장면은 동학농민운동이 기득권 부패 세력들에게 대항한 역사적 항쟁이 분명함을 보여줍니다.

세도 정치 시기 민란이 발생하면 정부에서는 그 뒤처리를 위해 안핵사를 파견하였습니다. 고부 농민 봉기에도 역시 안핵사가 파견되었는데, 안핵사 이용태는 봉기 가담자를 '동비(東匪, 동학교도를 비하하여 부른 말)'라 하여 대대적으로 잡아들여 죽이는 등 탄압을 가하였습니다. 이에 분노한 전봉준은 무장(현재 전북 고창)에서 손화중, 김개남 등과 함께 본격적인 봉기를 시작하여 고부로 진격하여 그곳을 점령하였습니다. 이후 농민군은 백산(현재

만석보 유지비 만석보 터였음을 기념하는 비석. 전북 정읍 소재.

전북 부안)으로 이동하여 격문과 강령을 발표하고 제1차 봉기를 공식화하였습니다. 이에 정부에서는 관군을 파견하여 농민군을 진압하려 하였지만 농민군은 황토현(현재 전북 정읍) 전투, 황룡촌(현재 전남 장성) 전투 등에서 정부군을 격파하고 승리하였습니다. 당황한 정부는 다시 청나라에 구원병을 요청하였습니다. 톈진 조약에 따라 청나라는 일본에 조선 파병을 알린 후 충남 아산으로 상륙하였고, 일본 역시 파병하여 일본군은 인천으로 상륙하였습니다. 일본군의 파병에 당황한 정부는 동학군과 급히 협상을 벌여 전주화약을 체결하였습니다. 동학군이 제시한 폐정개혁안을 정부가 받아들이고, 전라도 각지에서 동학군이 집강소를 설치하고 자치한다는 조건으로 농민군이 전주성을 떠나는 전주화약이 이루어졌습니다.

이 드라마에서도 집강소에서 자치가 이루어지는 상황을 묘사하였는데, 고부 지역 집강이 노비를 해방한다고 하자 양반들이 몰려와 항의하는 모습이 나옵니다. 그러자 집강은 노비 문서를 노비에게 주고 직접 불에 태우라고 합니다. 노비는 그 문서를 불에 태우면서 기쁨의 눈물을 흘리고, 집강은

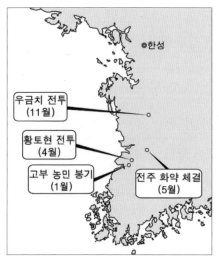

동학농민운동의 전개 과정

칼을 뽑아 들고 양반들에게 소리칩니다. "재산이 눈물을 흘리고 있으니 참으로 해괴한 일이죠. 재산이 아니니까! 사람이니까!"라고 일갈하자 양반들은 겁을 먹고 하나둘 도망칩니다. 당시 전라도 각지에서 벌어진 집강소 자치 시기에 노비 해방이 이루어지고, 백성들을 착취한 악랄한 양반들에 대한 처벌 등이 이루어졌음을 보여주는 장면이 었습니다.

그러나 전주화약이 이루어졌음에도 청과 일본의 군대는 돌아가지 않았습니다. 일본군이 경복궁으로 쳐들어오자, 조선군과 백성들은 일본군에 맞서 결사 항전을 벌였습니다. 그러나 고종이 일본군에게 붙잡혀 오면서 항복을 선언하는 모습에 결사 항전하던 백성들은 무릎을 꿇고 분노의 울음을 터트리는 모습이 묘사되었습니다. 실제로도 고종은 오전 7시경 일본군에게 붙잡혔으나 오후 2시까지 조선군이 항전을 멈추지 않자 고종의 무장해제 명령이 조선군에게 전달되었고, 조선군은 통곡하며 항전을 멈추었습니다. 일본군은 이어 청을 기습 공격하며 청일 전쟁을 일으켰고, 일본의 승리로 전쟁은 끝이 났습니다.

일본군에게 우리나라 정부가 점령당한 상황이 되자 농민군은 반외세를 기치로 제2차 봉기를 시작합니다. 전봉준이 이끈 전라도의 동학군을 남접, 손병희가 이끈 충청도의 동학군을 북접이라고 하는데, 두 동학군은 놀뫼(현재 충남 논산)에서 합류하여 공주로 진격하였습니다. 이 드라마에서도 묘사한 우금치 전투입니다. 기관총과 대포로 무장한 정부군과 일본군은 죽창을 들고 싸우는 농민군을 사실상 학살하였습니다. 대패한 농민군은 뿔뿔이 흩어졌고, 곳곳에서 양반들이 주도하여 조직한 민보군들에게 붙잡혀 처형당하였습니다.

이 드라마에서도 우금치 전투 이후 몸을 숨기고 있던 동학군들이 민보군에게 발각되어 살해당하는 장면들이 묘사되었습니다. 특히 전봉준이 체포되는 장면에서 배신한 동학군의 밀고로 전봉준이 관군에게 두들겨 맞으며 붙잡히는 내용이 나오는데, 이는 사실을 바탕으로 한 것입니다. 실제로도 우금치 전투 이후 전봉준은 전북 순창으로 피신하여 옛 부하였던 김경천의 집에 숨어있었습니다. 김경천의 밀고를 받은 민보군들이 들이닥치자 전봉준은 담을 넘어 도망을 가다 붙잡혀 집단 구타를 당했습니다. 이때 당한 부상으로 전봉준은 가마에 실려 서울로 압송되었고 얼마 후 처형되었습니다.

전봉준 압송 사진 순검(경찰)의 감시를 받으며 재판장으로 이송되는 전봉준의 모습을 담은 사진입니다. 당시 전봉준은 다리 부상을 당하여 들것에 실려 압송되었습니다.

이 드라마의 마지막 장면은 동학농민운동의 실패 이후 다시 일어난 의병을 이끄는 의병장이 된 주인공 백이강의 외침으로 끝이 납니다. 일본군을 공격하기 전 백이강은 다음과 같이 외칩니다.

백이강 : "우리가 누구?"
의병들 : "의병!"
백이강 : "사람은 뭐?"
의병들 : "하늘!"

백이강은 "자, 가자!"라고 하며 의병들에게 돌격을 명령하고 의병들은 일본군을 공격하기 위해 달려가면서 드라마는 끝이 나죠. 이것은 동학농민운동은 비록 실패하였지만, 동학군이 된 많은 민중들이 결국엔 다시 일어나 의병이 되었고, 독립군이 되었음을 보여줍니다. 전봉준이라는 녹두꽃이 떨어져도 수많은 녹두들인 민중들은 척박한 땅에서 싹을 틔워 의병이라는 녹두꽃으로 다시 피어났습니다. 동학군이 가슴에 단 '궁을(弓乙)'이라는 부적의 뜻을 백이강이 전봉준에게 묻자 "한없이 약하고 더없이 힘없는 진짜 약자"라고 답합니다. 그리고 전봉준은 "세상을 바꾸는 건 항상 약자였다"라고 하죠. 그렇습니다. 강자들은 자신들의 특권을 유지하기 위해 세상을 바꾸려고 하지 않습니다. 언제나 세상을 바꾸는 건 약자들이었던 것입니다.

4.

영화 <YMCA 야구단>으로 배우는 대한제국사

2002년 개봉한 영화 〈YMCA 야구단〉에서도 묘사된 것처럼 우리나라에 야구를 도입한 것은 선교사들이었습니다. 황성 YMCA 초대 총무였던 선교사 필립 질레트는 야구를 배우려고 모인 한국인들에게 야구 규칙을 가르쳤고 1904년 황성 YMCA 야구단을 창단하였습니다. 필립 질레트는 우리나라의 독립운동을 돕다가 1913년 일제의 탄압을 받아 입국이 금지되어 이후 중국에서 활동하였습니다. 이때, 상하이 등지에서 활동하며 대한민국 임시정부에 재정 지원을 하는 등 도움을 주기도 하였습니다. 이 영화와 달리 실제 야구 경기는 1906년 처음으로 황성 YMCA 야구단과 덕어학교 사이에 열렸다고 합니다. 배트는 1개로 돌아가면서 사용하였고, 글러브도 없이 맨손으로 공을 잡았다고 합니다.

다시 이 영화의 시대 배경인 1905년으로 돌아갑시다. 이 영화의 여자 주인공 '정림'은 민영환의 딸로 나옵니다. 그런데 황성신문에 실린 장지연이 쓴 '시일야방성대곡'이 스틸 사진으로 나오며 을사조약이 맺어졌다는 것이 자막으로 설명됩니다. 이 영화의 남자 주인공 '호창'은 '정림'의 집에 왔다가 얼떨결에 조문을 하게 됩니다. '정림'의 아버지 시종무관장 민공이 비분 자결하였기 때문이죠. 역사적 사실로도 민영환은 고종 황제의 시종무관장이었는데, 을사조약이 체결되자 이에 항거하여 자결하였습니다.

민영환의 사진

1896년 러시아 황제 대관식에 참석한 민영환(앞줄 3번째)

1905년 러·일 전쟁에서 승리한 일본은 대한제국의 외교권을 빼앗아 보호국으로 만들기 위한 을사조약을 강제로 체결하였습니다. 그래서 강제로 맺은 조약이라 하여 을사늑약이라고 부르기도 합니다. 일본이 무력과 협박으로 맺은 조약이기 때문에 무효인 조약이죠. 여러 가지 이유 중에서도 가장 중요한 무효 사유는 대한제국의 주권자였던 고종 황제의 비준도 없고, 그 권리를 위임하지도 않았다는 것입니다. 1899년 제정된 대한제국의 헌법이라고 할 수 있는 대한국국제에는 다음과 같은 조항이 있습니다.

제9조, 대한제국의 주권은 대한제국 황제에게 있으며, 황제는 조약 체결권을 갖고 있다.

즉 주권자인 황제의 비준이 없는 조약은 그 어떤 조약도 무효입니다. 지금도 다른 나라와 조약을 맺을 때 협상 대표에 대한 위임이 있고, 협정문에 서명, 날인이 있어야 하며, 주권자 국민의 대표 기관인 국회에서 비준이 필요합니다. 국회의 비준이 늦어지면 조약의 발효가 늦어지는 것도 다 이러한 이유 때문입니다. 그러나 1984년 일본 외무성 사료관에서 발견된 을사늑약 원본에는 위임장도 비준서도 없었습니다. 즉 당시의 주권자였던 고종 황제는 을사늑약에 대해 위임도 비준도 하지 않았던 것이고, 당연히 이 조약은 무효인 것이죠. 그래서 당시 많은 사람이 조약에 반대하는 상소를 올리거나, 비분하여 자결하는 경우도 많았습니다. 그 대표적인 인물이 바로 민영환입니다.

을사조약	헤이그 특사
이토 히로부미는 조약 체결을 강요했으나, 고종 황제는 서명하지 않고 동의하지 않았습니다.	고종 황제는 을사조약의 부당함을 알리기 위해 헤이그에 특사 이상설, 이준, 이위종을 파견하였습니다.

민영환은 임오군란 때 사망한 민겸호의 아들입니다. 민씨 정권의 세도를 부리며 비리를 저질러 군란 세력에 의해 처단된 아버지와 달리 민영환은 일제에 항거하기 위해 목숨까지 버렸던 애국자였습니다. 특히 1896년 러시아 황제 대관식에 참석하기 위해 이동하면서 중국, 일본, 캐나다, 미국, 영국, 네덜란드, 독일, 폴란드를 거쳐 러시아 모스크바에 도착하여 특명전권공사로 활동하였습니다. 또한 1897년에는 영국, 독일, 러시아, 프랑스, 이탈리아, 오스트리아 등 6개국 특명 전권공사가 되어, 영국 빅토리아 여왕의 즉위 60

년 축하식에 참석하였고, 귀국하면서 러시아에 들러 러시아 황제에게 고종의 친서를 전달하였습니다.

이 영화에서도 민영환의 딸 '정림'이 해외 유학을 다녀온 신여성으로 묘사되었는데, 이러한 민영환의 해외 경험을 바탕으로 만들어진 가상 인물이라고 할 수 있습니다. 다음은 민영환이 유서로 남긴 글입니다.

아! 나라와 국민이 이와 같은 치욕을 당하고 있으니 우리 인민들은 곧 생존경쟁 속에서 죽게 될 것입니다. 반드시 살려고 하면 죽고, 죽으려고 하면 살게 되는 것이니 제공들이 어찌 이것을 모르겠습니까? 이 영환은 한 번의 죽음으로써 황제의 은혜에 보답하고, 또 우리 2천만 동포형제들에 사죄하고자 합니다. 이 영환은 죽어도 죽지 않습니다. 기어이 구천지하에서 제군들을 도울 것입니다. 그리고 다행히 우리 동포들이 천만 배나 더 분발하여 지기를 굳게 갖고 학문에 힘을 쓰고, 서로 죽을힘을 다하기로 결심하여 우리의 자유와 독립을 회복한다면 이렇게 죽는 사람도 당연히 지하에서 웃음을 지을 수 있을 것입니다. 아! 조금도 실망하지 마시기 바랍니다. 그럼 이것으로 우리 대한제국 2천만 동포에게 고별인사를 올립니다.

_『매천야록』 제4권 광무 9년 을사 '민영환의 고국민유서' 중

민영환의 장례가 끝난 후 일본 유학생 출신 YMCA 야구단원 '대현'은 친일파의 집에 들어가 그를 죽이려고 합니다. 친일파가 자신은 을사오적도 아닌데, 왜 나를 죽이려 하냐고 묻죠. 이 영화에서는 을사오적을 '송사리'라고 하는데, 송병준, 이완용, 이지용, 이근택, 이준용 등 송씨 1명에 이씨 4명이 매국노란 뜻입니다. 그러나 실제로 을사오적은 박제순, 권중현, 이완용, 이지용, 이근택으로 박씨 1명, 권씨 1명, 이씨 3명이었죠. 즉 을사오적 중 이씨 3명에 또 다른 친일파 송병준과 이준용을 포함하여 송사리란 이름이 붙

은 것입니다. 이 영화의 '을사 50적 암살단'처럼 을사오적 암살단도 활동했었는데, 나철, 오기호가 중심이 되어 활동하였습니다. 그러나 을사오적에 대한 저격은 실패로 돌아갔습니다. 권중현에게는 총까지 쐈지만 실패했고, 나머지는 아예 저격도 시도하지 못했습니다. 이 영화에서도 친일파 암살은 실패하였는데, 친일파가 YMCA 야구단원에서 같이 활동하는 이의 아버지란 것을 알고 차마 죽이지 못한 것이죠.

이 영화에서는 을사늑약 이후 YMCA 야구단원들이 야구 연습을 하던 운동장을 일본군 주둔지로 사용하는 장면이 나옵니다. 야구단원들이 "관청의 허락을 받았나?"라고 항의하자 일본군은 "이 나라에 통감부보다 높은 관청이 있나?"라고 되묻습니다. 이같이 을사조약은 외교권 박탈 외에도 통감부를 설치하여 우리나라에 대한 내정간섭을 강화하는 조약이기도 했습니다.

또 이 영화는 당시 신분제의 상황을 보여주기도 합니다. 처음 야구단원들이 모인 자리에서 오랜만에 만난 옛날 머슴 출신은 양반집 도련님이었던 젊은 사람에게 머리 숙여 인사하고 존댓말을 씁니다. 반면에 양반 출신은 반말로 대합니다. 당시는 1905년 무렵인데, 신분제는 1894년 갑오개혁으로 폐지되었지만 실생활에서는 사라지지 않았습니다. 양반을 주인으로 모시던 노비나 하인들이 신분제가 사라졌다고 하여 양반들을 함부로 대할 수는 없었죠. 이러한 상황을 잘 보여주는 장면입니다.

그래도 신분제는 점차 사라지고 있었는데, 이 영화에서도 이를 보여주는 장면이 나옵니다. 야구 경기에서 패배하여 실의에 빠진 양반 출신에게 머슴 출신이 몸에 손을 대며 위로하자 양반 출신은 화를 내며 "감히 상놈 주제에"라고 말합니다. 이에 머슴 출신도 화를 내며 "조선 땅에 양반 상놈 없어진 지가 언젠데 아직도 날 머슴 취급하우!"라고 항의하죠. 그러자, 양반은 화도 못 내고 그 자리를 피할 뿐입니다. 신분제가 점차 사라지고 있는 모습을 보여주는 장면이었습니다.

이처럼 1894년 신분제는 법적으로 폐지되었지만 사회적으로나 정신적으로는 신분 의식이 남아 있었던 것입니다. 신분제가 사라졌음에도 불구하고 양반들은 양반 의식에서 벗어나지 못하였고, 평민들 역시 자신들이 양반과 평등하다는 생각을 갖지 못하였습니다. 천민들 역시 신분 해방 이후에 완전한 자유인이 되지 못하였던 것입니다. 그러나 1898년 관민공동회의 연사로 나선 백정 출신의 박성춘은 다음과 같이 말하고 있습니다.

> 나는 대한의 가장 천한 사람이고 무지몰각합니다. 그러나 충군애국의 뜻은 대강 알고 있습니다. 이에, 이국편민의 길인즉, 관민이 합심한 연후에야 가하다고 생각합니다. 저 차일에 비유하건대, 한 개의 장대로 받친즉 역부족이나, 많은 장대를 합한즉 그 힘이 공고합니다. 원컨대, 관민이 합심하여 우리 황제의 성덕에 보답하고, 국운이 만만세 이어지게 합시다.
>
> _『대한계년사』 권지3 고종 황제 광무2년 무술 십월 기사 중

많은 사람들이 모여 자유 발언을 통해 서로의 의견을 말하면서 대중의 의견을 모으는 만민공동회에서 백정 출신이 연사로 나섰다는 것은 그만큼 신분 의식이 사라져 가고 있었음을 보여줍니다. 만민공동회란 각계각층의 백성들이 연단에 올라가서 자신의 주장을 펼치고, 자리에 모인 군중들은 그에 대한 동의, 반대, 다른 의견 등을 말할 수 있는 자리였습니다. 즉 민중들이 서로의 생각들을 많은 사람에게 말함으로써 집단 커뮤니케이션이 일어났던 것이죠. 그래서 민중들의 의식이 업그레이드되었던 것입니다. 즉 만민공동회는 우리나라 최초의 근대적 집회라고 할 수 있습니다.

첫 번째 만민공동회에서 회장으로 선출된 사람은 쌀을 파는 시전상인이었던 현덕호였습니다. 부유했지만 천한 대우를 받는 직업이었던 상인이

대표로 선출되었다는 것 역시 사람들의 의식이 바뀌고 있었음을 보여줍니다. 또한 상인들이 만민공동회에 동조하여 철시하고 투쟁하자 경무관이 이를 제지하였고, 상인들 역시 이에 항의하는 일이 발생하기도 하였습니다. 또한 관리들의 부당한 횡포를 상급 기관에 제소하기도 하였습니다. 봉건적인 구체제에서는 국가 공권력에 대한 항의, 제소 등은 거의 불가능했습니다. 즉 평등 의식의 확산이 이루어졌음을 보여주는 사실들입니다. 이러한 일들은 그전까지는 상상하기도 어려웠던 일들이죠. 왜 이러한 일들이 생기기 시작한 것일까요? 독립협회가 내세운 자주국권, 자유민권, 자강개혁은 근대적인 민주주의 사상과 민족주의 사상이라고 할 수 있습니다. 이러한 사상의 영향으로 민중들은 근대적인 정치·사회에 대한 의식을 각성하게 되었던 것입니다. 이후 민중들은 애국 계몽 운동, 국채 보상 운동 등에 참여하면서 사회의식, 평등의식, 민족의식을 더욱 높여나갔습니다.

이 영화에서는 야구단이 해체되면서 야구단원들이 뿔뿔이 흩어지게 되는데, 이호창 역시 의병이었던 형의 피 묻은 옷을 유품으로 받고, 형의 죽음에 충격을 받은 채 아버지가 낙향한 시골로 내려가 서당에서 아이들을 가르치게 되죠. 이호창의 형이 의병으로 활동한 시기는 을사조약을 전후로 한 시기이기 때문에 이른바 '을사의병'에 참여했다고 볼 수 있습니다. 의병 운동은 크게 세 시기로 나눠 볼 수 있습니다. 명성황후 시해 사건과 단발령이 원인이 되어 일어난 을미의병, 을사늑약에 항거한 을사의병, 고종 황제 강제 퇴위 사건과 군대 해산을 계기로 일어난 정미의병이죠.

이호창의 형이 참여한 을사의병 때까지는 주로 민종식, 정용기, 최익현 등 양반 유생들이 의병장으로 활약하였죠. 평민 의병장은 신돌석이 처음이었습니다. 이 영화의 주인공 이호창의 형 역시 양반 유생이었고, 일본의 침략에 맞서 싸우다가 전사하였던 것으로 보입니다. 일본군 야구단과의 재대결에서 이호창이 형의 피 묻은 도포와 찢어진 갓을 쓰고 야구장에 나타나는 장면은 야구로 일본에 맞서 싸우는 '의병'이 되겠다는 뜻을 보여주는 것입니다. 결국 '호창'은 일본군 야구단과의 경기에 참여하여 홈런을 쳐 YMCA 야구단의 승리에 공을 세웁니다. 이것은 의병이 일본에 맞서 싸운 것처럼 스포츠 경기에서도 많은 민중들이 각자의 방식으로 일본에 맞서 싸웠음을 보여주는 장면이었습니다.

이 영화는 야구를 소재로 만들었지만 1905년을 전후로 하여 일어난 정치적, 사회적 변화를 재미있게 묘사하였습니다. 우리가 교과서에서 배웠던 의병, 애국 계몽 운동가 등의 역사적 인물들이 아닌 당시 일반 민중들의 삶을 소재로 하였죠. 그리고 을사늑약이라는 역사적 사건이 의병, 애국 계몽 운동가들뿐만 아니라 일반 민중들의 삶에도 큰 변화를 불러왔음을 보여주기도 하였습니다. 을사늑약으로 사실상 나라를 잃으면서 야구 연습을 할 장소도 빼앗기고, 야구 선수가 매국노를 처단하는 열사가 되어 쫓기는 몸이 되기도 하는 모습은 우리의 삶에 역사가 얼마나 중요한 변화를 일으킬 수 있는가를 잘 보여주기도 합니다. 역사가 곧 삶이란 것을 보여주는 것입니다.

5.

노예가 되어 사느니
자유인으로 죽겠다!

그들은 이렇게 말했다. "우리는 한 서양인이 우리의 참상을 보기 위해 이곳에 온 것을 기쁘게 생각합니다. 우리는 당신이 당신의 국민에게 이러한 참상을 전하여 그들이 모두 한국의 현실을 알 수 있게 되기를 바랍니다."

_『대한제국의 비극(THE TRAGEDY OF KOREA)』 중

위의 기록은 캐나다 출신으로 영국 〈데일리 메일(Daily Mail)〉의 아시아 특파원이었던 프레더릭 맥켄지가 의병들을 인터뷰하고 취재한 내용을 바탕으로 저술한 『대한제국의 비극(THE TRAGEDY OF KOREA)』이라는 책에서 발췌한 것입니다. 그럼 맥켄지가 1907년 8월 군대 해산 직후 경기도 양평에서 의병들을 인터뷰한 다음 기록을 먼저 봅시다.

시간이 조금 지나자 그날의 전투를 이끌었던 장교가 나를 찾아왔다. [중략] 그는 자기들이 어떤 보람 있는 일을 하고 있음을 시인하면서 이렇게 말했다. '우리는 어차피 죽게 되겠지요. 그러나 좋습니다. 일본의 노예가 되어

사느니보다는 자유인으로 죽는 것이 훨씬 낫습니다.'

_『대한제국의 비극(THE TRAGEDY OF KOREA)』중

프레더릭 맥켄지

맥켄지의 기록에 따르면 당시 의병들의 무기는 일본군에 비해 매우 빈약한 상태였습니다. 이러한 상황에서도 의병들은 목숨을 걸고 일본군과 전투를 벌였습니다. 그래서 의병들 스스로도 결국엔 일본과 싸우다 죽게 될 것이라고 예상하였던 것이죠. 죽음을 무릅쓰고 싸우는 이유는 간단했습니다. 노예가 되어 사느니 자유인으로 죽겠다는 결사의 의지였습니다. 그렇다면 의병들은 일본에 대항하여 이길 수 없다고 생각한 걸까요? 아닙니다. 자신들이 이길 수는 없어도 자신의 희생으로 우리 민족이 끝까지 저항할 것임을 보여준다면 언젠가 일본에 승리할 그날이 올 것이라고 생각하였던 것입니다. 다시 『대한제국의 비극(THE TRAGEDY OF KOREA)』의 다음 기록을 살펴보겠습니다.

그는 나에게 이렇게 말했다. "우리 의병들은 무기가 없습니다. 그들은 말할 수 없이 용감하지만 당신이 알다시피 그들의 총은 쓸모가 없으며 화약도 이제는 거의 떨어졌습니다. 우리는 무기를 살 수가 없습니다만, 당신은 원하는 곳이라면 아무 곳이나 자유롭게 다닐 수가 있습니다. 그런 당신이 우리의 요원으로 활약해 주기 바랍니다. 우리에게 무기를 좀 사다 주십시오. 돈은 필요한 대로 요구하십시오. 그것은 문제가 없습니다. 무기를 구할 수만 있다면 5천 달러든, 1만 달러든 필요한 대로 드리겠습니다. 다만 무기만 구해 주십시오." 나는 그러한 일을 할 수 없노라고 대답했음은 더 말할 나위도 없다.

_『대한제국의 비극(THE TRAGEDY OF KOREA)』중

위 기록과 같이 의병대장은 맥켄지에게 무기를 사다 줄 것을 부탁합니다. 의병들은 용감하지만 무기가 너무 허술하고 그마저도 없는 경우가 많았기 때문에 일본군에 맞서 싸운다는 것은 매우 어려운 일이었습니다. 맥켄지는 종군 기자로서 중립을 지켜야 한다는 생각이었기 때문에 의병들의 요구를 거절하였습니다. 그러나 의병들의 투쟁에 감동한 맥켄지는 의병들과의 인터뷰를 바탕으로 책을 저술하여 전 세계에 일본이 저지르고 있는 학살을 알립니다. 특히 당시 의병들의 사진을 남김으로써 우리 의병들의 현실과 투쟁 의지를 알릴 기회를 주기도 하였습니다.

의병 사진 『대한제국의 비극(THE TRAGEDY OF KOREA)』에 실린 사진으로 당시 맥켄지가 의병들을 인터뷰하고 취재하면서 촬영한 것입니다. 의병들의 복장이 다양한 것으로 보아 직업이 다양한 각계각층의 사람들이 의병으로 활약했음을 보여줍니다. 특히 오른쪽에서 네 번째 인물은 군복을 입고 있는 것으로 보아 1907년 군대 해산 이후 의병에 참여한 해산 군인 출신임을 알 수 있죠.

그러나 당시 의병들의 투쟁에 대해 대다수 우리 언론은 부정적이었습니다. 〈황성신문〉, 〈제국신문〉, 〈만세보〉 등은 의병 투쟁이 국권 회복을 위하여 현실적이지 않으며, 어리석게 목숨을 버리는 일이라고 비판하였습니다. 〈대한매일신보〉는 그중 유일하게 의병 투쟁에 대해 호의적이었습니다.

당시 통감부의 조사에 따르면 의병들 중에는 〈대한매일신보〉를 읽고 의병에 가담한 인물들이 많았다고 합니다. 이것은 당시 우리 민족 대다수의 생각이 의병 투쟁에 대해 호의적이었음을 보여줍니다. 단 하나의 신문만이 의병에 호의적이었음에도 불구하고 목숨을 건 투쟁에 나서는 사람들이 많았다는 것은 그만큼 많은 사람의 생각을 〈대한매일신보〉가 대변하였다는 것에 대한 증거가 되죠.

당시 언론 활동을 하던 사람들은 애국 계몽 운동가들이었습니다. 교육, 산업 활동을 통해서 우리 민족의 실력을 양성하면 일본으로부터 국권을 회복할 수 있다는 생각을 지닌 사람들이었습니다. 애국 계몽 운동은 사회진화론을 바탕으로 합니다. 생물진화론의 적자생존을 인간 사회에 적용하여 교육, 산업의 발전을 이룩하면 강자가 되어 독립할 수 있다는 생각입니다. 그래서 의병들의 투쟁을 "무식하면 용감하다"라고 폄하하였던 것이죠.

그러나 이후의 역사를 보면 누가 옳았는가를 알 수 있습니다. 애국 계몽 운동가 중 대표적인 인물들인 장지연, 윤치호, 최남선 등은 일제강점기에 친일파로 변절하였습니다. 자신이 중심이 되어야 한다고 생각하는 사람들은 결코 자신을 희생하지 않습니다. 오히려 자신의 행동을 정당화하기 위해, 스스로를 희생한 용감한 사람들을 비판합니다. 그러나 진정한 역사의 승자는 옳고 그름을 기준으로 행동한 의병들이었습니다. 노예가 아닌 자유인으로 죽었기에 자유인을 추구한 후손들에 의해 나라를 되찾고, 진정한 역사의 승자가 된 것이라고 할 수 있습니다.

6.

장지연의 두 얼굴

장지연의 '시일야방성대곡' 논설이 실린 <황성신문> (1905. 11. 20)

아, 4천 년의 강토와 5백 년의 사직을 다른 나라에 갖다 바치고, 2천만 국 민들로 타국의 노예가 되게 하였으니, 저 개돼지보다 못한 외무대신 박제 순과 각 대신들이야 깊이 꾸짖을 것도 없다 하지만 명색이 참정(參政)대신이 란 자는 정부의 수석임에도 단지 부(否)자로써 책임을 면하여 이름거리나 장만하려 했더란 말이냐. 청음 김상헌처럼 통곡하여 문서를 찢지도 못했 고, 동계 정온처럼 할복하는 것도 불능하고 여전히 생존하여 세상에 다시 서니 무슨 면목으로 강경하신 황상 폐하를 다시 대하며, 그 무슨 면목으 로 2천만 동포를 다시 대할 것인가? 아! 원통한지고, 아! 분한지고. 우리 2

천만 타국인의 노예가 된 동포여! 살았는가, 죽었는가? 단군 기자 이래 4천
년 국민정신이 하룻밤 사이에 졸연히 망하고 말 것인가. 원통하고 원통하
다. 동포여! 동포여!

_〈황성신문〉 1905년 11월 20일자 중

1915년 1월 1일자 기사입니다. "총독부에서 신정을 시설한 이래 착착 구
폐를 개혁하고 신화를 선포함에 있어 조선 구습의 풍속도 점차 개량되어
…… 지금부터는 전 조선의 풍속을 통일하여 민족의 관념도 일단(一團)에
이를 줄로 미루어 생각한다."

1915년 4월 21일자에서 장지연은 일본을 두고 "동양의 선각"이라 일컬으며
"아시아를 제패한 전술로 보면 동양의 독일이라 부르는 것도 지나치지 않
다"고 했습니다.

1915년 7월 13일자입니다. "동양 대국(大局)은 오직 일본과 지나(=중국) 두 나
라일 뿐이다. 보거순치 관계로 어찌 떨어질 수 있겠는가. 반드시 서로 제휴
하여 친선을 한 연후에 외부를 막을 수 있는 술책"이 생긴다는 글입니다.

1915년 12월 26일자입니다. "만약 집정자로 하여금 허락하게 한다 하더라
도 조선인의 집회는 결코 이루어질 수 없을 것"이며 "동종동족이 서로 원
한을 맺어 서로 원수가 되어 망국의 지경이 되어서도 후회하지 않으니, 어
찌 너무나 어리석고 바보 같은 짓이 아니랴. 이로 인해 전 조선인의 습관이
되어 마침내는 단체성이 없는 인종이 되고 말았다"고 했습니다.

1916년 6월 8일치입니다. "금일 동양의 평화를 유지코저 할진대 유일의 자
위책은 즉 미국의 '몬로'주의를 차용하여 아세아몬로주의를 실행"할 필요가
있으며 "지리상 관계든지 종족상 관계든지 동주동종의 민족 된 자가 마땅
히 민족주의를 채용하여 일대 범아세아주의를 발달함에 노력할지니 즉 아
세아몬로주의가 이것이라."

1916년 9월 16일치에서는 "일본은 세계 열강 사이에서 웅비하는 동양의 패

왕이므로 일본을 중심으로 동양인이 서로 제휴해 장벽을 없애고 동제공장하여 동양의 평화를 보전"해야 한다고 했습니다.

1918년 1월 1일자 신년호에는 '대정6년 시사'라는 제목으로 장지연이 썼다는 한시가 24편 실렸습니다. 일본 천황 대정=大正=다이쇼의 한 해 전 치적을 찬양하는 글들입니다.

'군함 축파(築波=쓰쿠바) 침몰'(1917년 1월 14일 요코스카에서 침몰) 제목에서 "한 소리 폭음에 불꽃 치솟더니/ 거함이 정박 중에 침몰하더라/ 위문하는 문관이 성지(聖旨=천황의 뜻)를 전하니/ 조원들 높은 은총에 사례하였네"라 했습니다.

'내지(內地=일본 본토) 대수(大水)' 제목에서는 "전에 없던 호우 폭풍 많아/ 홍수 지나가자 곳곳에 재해 입었네/ 하사금 내리심은 구휼하는 은전이라/ 조선 인민도 한 가지로 파도 같은 그 은혜에 젖었네"라 했습니다.

1917년 6월 8일 조선 순종이 동생인 영친왕 이은의 일본 육군사관학교 졸업과 일본 황실과 결혼하기로 내정된 데 대해 고맙다는 뜻을 나타낸다는 명분으로 일본 천황을 만나러 가도록 한 일을 노래한 '이왕(李王) 동상(東上)'은 "이왕 전하 동해를 건너시니/ 관민이 길을 쓸고 전송했네/ 오늘 같은 성대한 일은 예전에 드물었으니/ 일선융화의 서광이 빛나리라"라고 되어 있습니다.

1918년 3월 21일자입니다. "오늘날 동양의 지위는 지나, 일선 두 나라가 있을 뿐이다. 이 두 나라가 서로 함께 나아가 순치보거지세를 만든 연후에야 국방을 보전하고 민족을 보전"할 수 있다.

_〈미디어스〉 2011년 4월 25일자 기사 중

위에 발췌한 글들이 한 사람이 쓴 글이라는 것을 아십니까? 정반대의 내용이 어찌 한 사람의 글일까요? 하지만 이런 경우는 우리 역사에서 자주

보아온 일이기도 합니다. 첫 번째 글은 그 유명한 장지연의 '시일야방성대곡 (是日也放聲大哭)'입니다. 이로 인해 장지연은 일본 경찰에 끌려가 3개월간 투옥되었다가 석방되었습니다. 그런데 두 번째 글을 보면 친일반민족행위자들이 일제를 찬양하면서 했던 말들과 차이가 없을 정도입니다. 이것은 장지연이 1915년부터 조선총독부의 기관지였던 〈매일신보〉에 기고했던 글들입니다. 결국 대표적 항일 운동가였던 장지연 역시 한일합방 이후 말년에는 친일에 동조하였다는 쓸쓸한 역사를 남긴 것입니다.

이러한 경우는 이외에도 많습니다. 3·1 운동 당시 민족대표 33인 중의 한 사람인 이갑성은 총독부 촉탁으로 변절했음에도 건국훈장 대통령장을 받고 국립묘지 애국지사 묘역에 누워 있습니다. 이갑성은 초대 광복회장으로서 독립유공자 심사도 그가 했습니다. 1919년 3·1 독립선언의 문안을 작성했던 최남선은 해방 후 '자열서'라는 글을 써서 스스로 자신의 죄과를 시인하기도 했습니다. 1928년 조선총독부의 한국사 왜곡기관인 조선사 편수회 편수위원이 된 것, 1938년 조선총독부의 중추원 참의가 된 것, 1939년 만주 괴뢰국의 건국대학 교수가 된 것, 1943년 학병 권유 연사로 활동한 것, 일관되게 일선동조론(日鮮同祖論)을 부르짖은 것 등입니다. 그러나 이에 대해 최남선은 자신의 무죄를 주장하며 변절 행위에 대해 참회조차 하지 않았습니다.

또한 1919년 2·8 독립선언의 문안을 기초하고 임시정부 기관지인 〈독립신문〉 주필까지 지낸 춘원 이광수는 1922년 갑자기 '민족개조론'을 발표하면서 우리나라가 쇠퇴한 까닭이 타락한 민족성 때문이라고 주장합니다. 제2차 세계대전 말기에는 문인보국회를 조직하고, 최남선 등과 함께 도쿄에 건너가 조선 유학생들을 상대로 학병 지원 권유 강연까지 합니다. 1894년 갑오농민전쟁에 참가하였던 이용구는 일본에 갔다 온 후 귀국하여 동학 포교에 종사하다가, 1904년 동학교도를 중심으로 '진보회(進步會)'를 조직하고 이를 기반으로 친일 단체 '일진회'를 조직하는 데 앞장섰습니다. 윤시병은 1898년 만민공동회가 활발하게 열리자 이에 적극적으로 참여하여 만민공동회의 초대회장으로 선출되면서 애국 계몽 운동을 시작하였습니다. 이런 그가 대표적 친일단체인 일진회의 초대 회장이었다는 사실도 씁쓸한 역사입니다.

<매일신보> 창간호 장지연은 1915년부터 조선총독부 기관지 <매일신보>에 기고하였습니다.

이렇게 민족 운동을 하다 반민족행위로 변절한 사례는 너무나도 흔한 일인데도 제대로 알려지지도 않았습니다. 그것은 우리 현대사의 부끄러운 한 측면이기도 합니다. 반민족행위자들을 제대로 처벌하지도 못하고, 그들과 그 후손들이 아직까지 친일을 숨기고, 애국자로 남아 있는 사람들도 있다는 것은 더욱더 씁쓸한 일입니다.

일제강점기에 우리의 주적은 당연히 일제였습니다. 그러나 일제의 지배에 앞장섰던 친일반민족행위자들이 있었습니다. 그들의 도움이 없었다면 일제는 우리나라를 식민지로 만들지도, 지배를 유지하기도 어려웠습니다. 우리의 민족 독립운동은 단지 일제에 저항하는 데 그치지 않고, 친일파에 대한 처벌 또한 중요한 과제로 삼아 왔습니다.

전쟁에서 주적과 싸우는 중에 아군을 가장한 배신자가 아군에게 총을 쏜다면, 그 전쟁은 패배할 수밖에 없습니다. 주적과의 전쟁도 중요하지만 배신자에 대한 응징도 중요합니다. 왜냐하면 배신자는 주적의 동조자이기 때문입니다.

V.

정의로운
한국 독립운동사

1.
나라를 되찾겠다는 것이
어떻게 범죄야!

조선총독부 철거 후 자재. 독립 기념관 소재.

2002년 개봉한 영화 〈2009 로스트 메모리즈〉 속 2009년 일본제국의 제3도시 경성은 온통 일본어로 뒤덮인 거리로 이루어진 완전한 일본의 도시입니다. 현재 광화문 광장에 있는 세종대왕과 이순신 장군 동상 대신 도요토미 히데요시의 동상이 서 있고, 그 뒤로 조선총독부 건물이 서 있는 모습은 매우 충격적입니다. 어떻게 이토 히로부미가 죽지 않았다고 역사가 이처럼 바뀔 수 있는 걸까요? 이 영화의 설정은 사실 복거일의 소설 『비명을 찾아서』에서 가져왔습니다. 이 소설에서는 안중근의 저격에도 상처만 입고 살아남은 이토 히로부미가 초대 조선 총독이 되면서 일본은 온건한 동화 정책을 실시하였고, 조선인들은 일본제국의 지배를 인정하게 되어 일본인으로 살아가게 되었다는 대체 역사를 보여줍니다.

그렇다면 이토 히로부미가 살았다면 왜 역사가 바뀐다는 것일까요? 이 설정의 배경에는 정한론이 있습니다. 일본에서는 1870년대에 들어 정한론이라는 조선 침략을 주장하는 세력이 활발해졌습니다. 그러나 이러한 정한론에 반대한 세력 중 하나가 바로 이토 히로부미였습니다. 이토 히로부미는 당시 조선을 무력으로 침략하면 실패할 것이기 때문에 오랜 시간에 거쳐 준비하여 천천히 조선을 식민지로 만들어 가야 한다고 주장했습니다. 그리고 실제로 30여 년에 걸친 침략 끝에 1910년 대한제국은 일본의 식민지가 되었던 것이죠.

즉 이토 히로부미의 치밀하고 오래 준비하는 성격으로 보아 이토 히로부미가 살았고, 조선 총독이 되었다면 아마도 무단 통치가 아닌 문화 통치와 황국신민화 정책이 결합한 통치가 1910년부터 시작되었을 가능성이 매우 큽니다. 실제로 일본은 1910년부터 무단 통치라는 헌병경찰을 동원한 무력 통치를 실시하였습니다. 헌병경찰들이 즉결 처분을 일삼고, 심지어 한국인들에게는 태형이라며 마음대로 때리는 처벌을 하기도 하였습니다. 그러나 이러한 강압 통치에 불만을 가진 한국인들은 1919년 3·1 운동으로 저항하였습니다. 그리고 3·1 운동 이후 더욱 많은 사람이 독립

조선인들에게 태형을 가하던 형틀을 복원한 전시물

군이 되고, 독립운동가가 되었습니다.

학교 교사들이 칼을 차고 제복을 입은 모습 일제는 일반 관리와 교사들에게 제복을 입히고 칼을 차게 하여 공포 분위기를 조성하였습니다.

3·1 운동에 놀란 일본이 이른바 문화 통치라는 온건한 통치 방식으로 바꾸니 이제 일본의 지배를 인정하고 자치론, 참정론 등을 주장하는 타협주의자들이 나타났습니다. 그리고 이들은 곧 친일파로 변절하여 같은 민족을 전쟁터로 내모는 일을 저지르기도 하였습니다. 즉 이러한 온건한 통치가 1910년부터 이루어졌다면 3·1 운동도 없었을 것이고, 독립운동가들도 점차 감소했을 것이며, 친일파들은 더욱 증가하여 한

일본 원주민인 아이누족

국인의 대다수는 일본의 지배를 받아들였을 가능성이 큽니다. 영화 〈2009 로스트 메모리즈〉는 단순한 상상이 아니라, 오늘날 우리의 현실이 되었을 것입니다.

또한 실제로도 이러한 상황이 벌어진 사례가 있습니다. 현재 오키나와는 일본의 영토이지만 원래는 유구 왕국이라는 독립 국가였습니다. 1879년 일본에 합병된 후 유구 민족의 독립운동이 벌어지기도 했지만 결국 오랜 지배 끝에 유구인들의 독립운동은 약화되었고, 현재는 일본의 영토가 되어 일본인으로 살아가고 있습니다. 또한 일본 홋카이도, 혼슈 동북부 등에 살았던 아이누족은 일본의 오랜 학살과 민족 말살 정책으로 지금은 거의 사라진 상태입니다. 일본은 1899년 법률을 제정하여 아이누족의 아이누어 사

용을 금지하고 아이누식 이름을 일본식 이름으로 창씨개명 하도록 만들었습니다. 이처럼 일본의 오랜 지배 끝에 다른 민족이었던 유구인과 아이누족이 완전한 일본인으로 동화되어 살아가고 있다는 것은 영화 〈2009 로스트 메모리즈〉가 보이는 배경의 실제 사례라고 할 수 있을 것입니다.

그러나 영화 속 2009년의 바뀐 역사 속에서도 독립운동가들과 독립군들은 계속 투쟁하고 있습니다. 시간의 문을 여는 열쇠가 보관되어 있는 전시회장에 침투한 독립군들은 일본 경찰에 의해 진압되지만 일본 경찰 1명을 인질로 잡고 다른 일본 경찰들과 대치합니다. 그런데 한국어를 사용하는 경찰이 갑자기 등장합니다. 사카모토 마사유키라는 이름의 조선인 경찰이죠. 그리고 그는 독립군에게 '너희들은 범죄자'라고 말합니다. 그러자 독립군은 다음과 같이 말합니다.

범죄자라고? 나라를 되찾겠다는 것이 어떻게 범죄야! 나는 조선해방동맹 소속 대위 김준환이다. 저들에게 내 말을 똑똑히 전해라. 조선은 자주독립 국가이며 조선을 강제 침탈한 일제야말로 인류의 범죄자다!

현재도 안중근, 김구, 윤봉길 등 독립운동가들을 테러리스트라고 부르는 일부 몰지각한 사람들이 있습니다. 단지 사람을 죽였다는 이유로 범죄자로 매도하는 것이죠. 안중근은 재판 과정에서 자신을 '대한의군참모중장'이라고 소개합니다. 자신은 개인으로 살인을 한 것이 아니라 한 나라의 군인으로서 적국의 수괴인 이토 히로부미를 처단한 전쟁 행위였다는 주장입니다. 그렇습니다. 우리의 독립운동가들은 침략국 일본과 전쟁이라는 투쟁 행위를 한 것입니다.

이 영화의 조선인 경찰은 독립군을 범죄자라고 부르는 친일파를 상징합니다. 그리고 독립군의 입을 통해 우리 독립운동가들이 정당했다고 힘주어

말합니다. '나라를 되찾겠다는 것이 어떻게 범죄'
냐는 것이죠. 진짜 범죄자는 바로 일본입니다.
'자주독립 국가인 조선을 강제 침탈한 일제야말
로 인류의 범죄자'라는 말은 역사의 진실을 말해
줍니다.

안중근 1910년경 뤼순 감옥에
수감 중 촬영된 사진입니다.

　조선인 경찰 사카모토는 일본 경찰들에게
배신당했지만, 독립군의 도움을 받아 살 수 있
게 되었고, 뒤바뀐 역사의 진실을 알게 됩니다.
그리고 시간의 문을 통해 1909년 10월 26일로
돌아갑니다. 하얼빈역에서 안중근을 발견한 조선인 경찰은 안중근을 죽이
려고 하는 일본인 킬러를 죽이고, 안중근은 이토 히로부미를 처단하는 데
성공합니다. 뒤틀린 역사가 정상으로 돌아온 것이죠. 그러나 시간의 문은
과거로만 갈 수 있고, 현대로 돌아올 수는 없습니다. 그리고 시간은 다시
2009년으로 흘렀습니다. 천안에 있는 독립기념관에는 독립운동가들의 단
체 사진이 전시되어 있는데, 그 속에는 1909년으로 돌아가 역사를 정상으
로 되돌린 조선인 경찰의 모습이 찍혀 있죠. 우리의 역사를 되찾은 영웅의

대한민국임시정부 제34회 임시 의정원 회의 기념사진 　1942년 12월 촬영.
맨 앞줄 왼쪽에서 5번째가 김구, 맨 앞줄 오른쪽 끝이 김원봉입니다.

선택 역시 독립운동가의 삶이었던 것입니다.

　이 영화 속 영웅들처럼 독립운동가들은 영웅이었습니다. 그들이 없었다면 우리나라의 현실은 식민지 지배를 받는 끔찍한 현실이 되었을 것입니다. 결국, 과거의 역사를 올바로 평가하고 그 결과를 바탕으로 현재를 바로 살아가는 것이 미래의 역사를 올바르게 바꾸는 가장 빠른 길임을 알 수 있습니다.

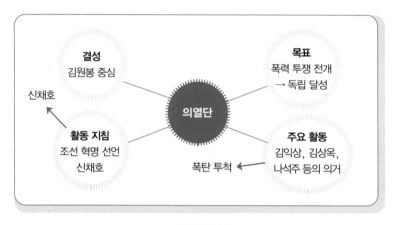

의열단의 활동

2.

역사의 법정에서
공소시효는 없다

이시하라 지사는 이날 북한의 일본인 납치 문제 해결을 촉구하는 도쿄 집
회의 기조연설에서 한국 강점에 대해 "그들(조선인)의 총의로 일본을 선택했
으며, 우리는 결코 무력으로 침범하지 않았다"고 주장했다. [중략] 그는 또
"나는 한일합방을 100% 정당화할 생각은 없다"라면서 "그들(조선인)의 감정
에서 보면 그것은 역시 분하고 굴욕이겠지만, 시비를 가린다면 그들(조선인)
의 선조의 책임"이라고 덧붙였다.   _〈한겨레신문〉 2003년 10월 29일자 중

위 기사는 2003년 당시 도쿄도지사 이시하라 신타로가 했던 망언을
보도한 기사의 일부입니다. 이시하라 신타로의 주장은 한마디로 한국인 스
스로 한일합방을 선택한 것이니까 일본을 욕하지 말고 한국인의 조상들을
욕하란 뜻이죠. 다음은 '새 역사교과서를 만드는 모임'(일본 역사교과서 왜곡에
앞장섰던 극우단체) 대표를 지냈던 니시오 간지가 이시하라 신타로의 발언을
지지하면서 했던 또 다른 망언입니다.

그는 "한국인은 이대로 (일본의) 보호를 받으며 사는 것보다 합병을 해서 세계 1등 국민으로서 일본인과 동등한 대우를 받는 게 낫다고 (생각해서), 100만 명이 넘는 일진회가 합방을 요청해 정치적 운동을 전개했고, 그것은 거대한 운동이었다"고 말했다.

[중략] 그는 "물론 1910년(한일합방) 시점에서 한국 내에는 합방에 반대하는 저항자들도 있었기 때문에 (합방이) '조선인들의 총의(總意)'라고는 말할 수 없을지는 모르지만, 그 점을 빼고는 이시하라 씨가 주장하는 모든 것이 맞는 말"이라고 거들었다. 니시오 씨는 "한국의 역사에 취약함이 있었던 것은 현재의 한국인의 죄도 아니고 악(惡)도 아니다. 한국인들이 자기의 취약점을 보지 않으려고 하는 것이 죄이자 악"이라고 궤변을 늘어놓았다.

_〈연합뉴스〉 2003년 11월 1일자 중

일진회 친일파 이용구의 집에서 촬영된 사진.

위의 두 극우 일본인이 말한 내용을 보면, 특히 니시오 간지의 발언을 대하면 이들이 말하고자 하는 의도를 알 수가 있습니다. 100만 명이나 가입한 일진회가 앞장서서 한일합방 청원서를 제출하는 등 많은 한국인이 원해서 한일합방이 이루어졌다는 주장이죠. 그러나 극우 일본인들의 주장은 궤변에 불과합니다. 열강의 지배를 당한 모든 민족은 열강에 협조한 세력의 배신으로 식민지가 되었습니다. 그러나 식민지 지배에서 벗어난 이후 대다수 피지배 민족들은 배신자들에 대한 처벌 등으로 청산 작업이 이루어졌습니다. '한국인들이 자기의 취약점을 보지 않으려고 하는 것이 죄이자 악'이라는 말은 우리가 친일파 청산에 실패한 역사의 상처에 다시 한번 소금을 뿌린 것입니다. 이는 우리가 해방 후 제대로 된 친일파 처벌에 실패했기 때문입니다. 친일파란 사실 순화된 표현입니다. 일본과 친한 사람들이란 말에 무슨 평가가 들어있습니까? 가장 정확한 표현은 매국노입니다. '나라 팔아먹은 놈'이라는 표현이 딱 어울리지요. 제 민족을 점령한 침략자들의 충성스러운 개들이 되어 제 동포들을 물어뜯은 것입니다. 다음은 독립운동가 고 조문기 이사장의 2003년 언론 인터뷰 내용입니다.

아소 다로가 한 말이 틀린 말은 아니지. 창씨개명은 박남규라는 친일파가 청원해서 이루어진 것이 사실이니까. 어디 그것뿐인가? 강제 징용은 박춘금이 일본 국회에 청원해서 시작된 거고, 조선어 폐지도 현영섭이라는 친일파가 조선총독부에 청원해서 이루어진 거야. 광복절은 좋아해도 국치일은 모르는 것처럼 부끄러운 역사도 역사잖아. 이 땅에서 태어난 사람이 나서서 민족을 팔아먹은 것도 알고 있어야지.

_〈오마이뉴스〉 2003년 8월 29일자 기사 '[인터뷰] 8·29 국치일에 만난 '살아있는 독립운동가 조문기' 중

친일파 조사와 『친일인명사전』 편찬에 앞장섰던 고 조문기 이사장의 말처럼 친일파들의 반민족 범죄 행위도 우리가 꼭 기억해야 할 역사입니다. 지금까지의 연구 성과에 의하면 일제강점기에 우리 민족 중에서 잘 먹고 잘산 부유층들은 일본인들과 다를 바 없는 생활을 하였습니다. 민중에게 고통스러운 일제 말기의 민족 말살 통치 시기에도 민족 반역자들은 수탈에 앞장서

며 같은 민족을 족쳤으며 전쟁터로 내몰았습니다. 열강들의 식민 통치가 이루어진 피지배 민족들의 통치 상황을 조사한 결과 외세에 협조하며 앞잡이 노릇을 한 세력들의 역할이 가장 중요했습니다. 그들이 적극적으로 협조한 이유는 물론 자신들의 개인적 이익 때문이었습니다. 그들에게 조국은 바로 열강이었던 것입니다.

이 문서는 반민족행위 특별 조사 위원회 조사관 임명장입니다. 반민특위는 일제강점기에 반민족행위를 한 친일파, 매국노를 체포·조사하는 활동을 하였습니다.

1948년 반민특위에 체포되어 친일 행위로 처벌받은 사람들 중 겨우 7명만 실형을 받고, 그나마 1950년 봄에 재심청구 등의 방법으로 1년도 되지 않아 모두 풀려났습니다. 제2차 세계 대전이 연합군의 승리로 끝난 뒤, 프랑스에서는 나치 부역자 처벌 선풍이 불었습니다. 나치에 협력했던 사람들을 16만여 명이나 처벌했습니다. 그 가운데 사형을 당한 사람이 2천여 명, 징역을 받은 사람이 4만여 명이었습니다. 독일군 장교의 연인이었던 프랑스 여성들은 끌려 나와 머리를 빡빡 깎이고 파리 시내에서 조리돌림당했습니다. 그래야 다시는 그러한 민족 반역자들이 나타나지 않을 것이라고 그들은 생각했던 것입니다. 나치가 프랑스를 점령한 기간은 4년입니다. 그에 비해 일제가 우리나라를 지배한 기간은 35년이나 되지만 친일파 청산은 되지 않았습니다. 왜 이런 결과가 생긴 것일까요?

어떤 사람들은 지난날의 불행한 일을 들추어내는 것은 정치 보복이며, 국가의 이익을 위해 바람직하지 않다고 주장합니다. 그러나 그렇게 주장하는 사람 중에는 지난날의 불행한 일을 들추어내는 것이 자신에게 불이익이 될까 두려워하는 사람들이 있습니다. 바로 친일반민족행위자들과 그 후손들입니다. 반면에 독립운동가의 후손들은 사회적 약자로 살고 있는 경우가 허다합니다. 정의가 패하고 불의가 승리한 비정상적 사회의 모습입니다. 그러나 역사는 우리도 모르는 사이에 조금씩 조금씩 앞으로 나아갑니다. 그 출발은 지난 2005년부터 2009년까지 활동한 친일반민족행위진상규명위원회의 활동이었습니다. 또한 2001년 편찬이 시작된 『친일인명사전』은 2009년 완성되었습니다. 이러한 진상규명이 진행되면서 역사는 그만큼 앞으로 또 나아갔던 것입니다. 진실은 언젠가 밝혀지게 되어 있습니다. 그것이 역사의 정의로움입니다.

니시오 간지가 말한 일진회는 1904년 창립됐습니다. 그리고 한일합방 조약이 체결된 다음 달인 1910년 9월 해체됐습니다. 송병준은 독립협회 활동을 한 바 있는 윤시병을 회장으로 추대하고, 그해 말에는 동학당의 친일 분파를 이끌던 이용구를 끌어들여 13도 총회장에 앉혔고, 그 자신은 평의원장을 맡았습니다. 일진회는 1909년부터 줄기차게 한일합방 청원서를 제출하는 등 한일합방 운동을 벌이다가 그들의 소원이었던 한일합방이 이루어지자 없어진 단체입니다. 일진회는 없어졌지만, 친일파들은 일제의 충성스러운 개가 되어 일본의 귀족이 되었고, 막대한 은사금을 받아 떵떵거리고 살게 되었습니다. 이제 많은 친일파의 사망으로 처벌은 불가능해졌지만 그들의 친일 행위에 대한 진상규명은 끝나지 않았습니다. 역사의 법정에서 공소시효는 없기 때문입니다.

3.

친일파의 후손은
연좌제의 피해자가 아니다

친일파 단체 사진 1910년 11월 3일 조선 귀족, 즉 친일파 부부 동반 관광단이 도쿄에서 단체로 찍은 기념 촬영 사진.

연좌법이라는 악습이자 악법이 법적으로 철폐된 것은 1894년 갑오개혁에 의해서였습니다. 그러나 그 악습은 좀처럼 사라지지 않고 현대의 군사정권까지도 계속되었습니다. 연좌법이라는 것은 죄인의 가족, 친척, 지역민까지 처벌을 받는 악습이자 악법이었습니다. 그러나 어떤 연좌법은 법적으로는 지금도 살아있습니다. 후보자의 배우자, 선거사무장, 회계책임자 등이 선거법 위반으로 형이 확정되면, 현행 선거법상 연좌제가 적용되어 당선되더라도 당선무효가 될 수 있기 때문입니다. 선거법에서는 왜 지금도 연좌법이 살아남아 있을까요? 이유는 간단합니다. 공직자가 되기 위해서는 보다 높은 도덕성을 요구하기 때문입니다.

그렇다면 우리가 친일반민족행위자들의 후손들을 비판하는 것이 연좌법일까요? 전혀 그렇지 않습니다. 반민족행위는 절대 잊지 말아야 할 엄청난 범죄이기 때문입니다. 일제강점기 때 관리를 한 것을 자랑스럽게 아버지나 할아버지의 묘비에 기록하고, 일제 때 소유했던 땅을 다시 찾겠다고 국가에 대해 토지 반환 소송을 벌인 경우도 있습니다. 친일파의 후손들이라면 부끄러운 줄 알고 그 사실을 숨겨야 정상일 텐데 오히려 매국의 대가로 얻은 땅들을 되찾겠다고 소송을 진행했다니 정말 그 조상에 그 후손이라는 말밖에 나오지 않습니다.

2001년 〈LA 타임스〉지가 서울발 기사에서 일본에 대해 분노하는 한국도 역사의 일면을 애써 외면하는 '선택적 기억상실증(Selective Amnesia)'에 걸렸다고 보도했었습니다. 이 신문은 한국이 근현대사의 진실을 온전하게 교과서에 담지 못해왔던 것은 법조계, 정계, 재계, 예술계 엘리트의 상당수가 일제강점기로부터 직간접적으로 혜택을 입은 친일파들의 자손이기 때문이라며 권력을 장악한 이들이 학교 교과목과 다른 사회기관에 영향력을 행사, 일본 침략기 때의 자기 가족들(친일파)의 역할을 감춰왔다고 분석했습니다. 또한 이 신문은 민족문제연구소의 조사 결과를 인용, 한국 사회 지도층 집안이 일제 식민세력과 강한 연계성을 갖고 있다고 덧붙였습니다. 이것은 친일파들이 매국의 대가로 획득한 부와 특권을 이용하여 지금도 그 후손들이 부와 특권을 누리고 있으며 조상의 죄를 숨기고 있다는 것을 보여줍니다.

반민특위에 체포된 친일파들

2022년 개봉된 영화 〈리멤버〉는 현재 죽음을 얼마 두지 않은 치매 환자인 노인이 자신의 가족들을 죽인 친일파들을 일제강점기 당시의 권총으로 한 명씩 사살하여 죽이는 복수극입니다. 이 영화의 주인공이 치매 환자로 나오는 것은 우리의 현실이 마치 기억을 잃어버린 치매와 같은 상황이라는 것을 상징합니다. 그리고 기억을 잃어가고 있는 상황에서도 기어코 기억을 되찾으며 끝까지 복수를 해 나가는 과정을 통해 이 영화의 제목처럼 우리에게 '기억하라!'고 역사의 명령을 하고 있습니다.

우리는 때만 되면 일본의 사과를 요구합니다. 그런데 왜 친일파들의 후손들에게는 사과를 요구하지 않습니까? 친일파의 후손들이 책임이 없다는 이유는 대지 마십시오. 그렇다면 일제강점기에 어린아이였던 지금의 일본 왕이나 총리는 아무 책임도 없기 때문에 사과할 필요도 없으니까요. 우리는 이제라도 아직도 살아있는 친일파들과 그들의 후손에게 우리 민족에 대해 사과할 것을 요구하여야 합니다. 물론 우리가 친일파를 규탄, 처벌하는 것은 그 죄를 지은 친일 당사자에 대한 것입니다. 친일파의 혈족과 친인척에까지 책임을 지우는 것은 연좌제라고 할 수 있죠. 처벌은 개인 책임이 원칙이니까요. 하지만 항상 그럴까요? 만약 어떤 도둑이 수백억 원의 재산을 훔쳐 숨겨두고 죽었는데, 그 도둑의 자식들이 그 재산을 상속받게 된다면 뭐라 해야 할까요? 도둑질은 아버지가 했고 그 자식은 죄가 없으니 재산 상속엔 아무 문제가 없다. 이렇게 얘기하는 것이 옳을까요?

마찬가지입니다. 친일파의 후손 중에는 비판받아야 하고 불이익을 받아야 할 사람들이 있습니다. 예를 들어서 친일파 후손이 그 조상의 친일 행위를 정당화하고 계속해서 반민족적 행위를 지속한다든가 친일 매국으로 축재한 재산을 기반으로 해서 민족 반역과 반민주적 행위를 해 나갈 때는 친일파의 후손으로서가 아닌 민족 반역자로서 규탄되고 심판의 대상이 되는 것입니다. 실제로 우리 사회의 상류층에는 민족 반역을 한 조상의 죄를 미화시키고 민족 배반의 대가로 얻은 재산을 발판으로 해서 부와 권력을 축적한 사람들이 있습니다. 그들은 계속해 민족과 민주주의에 반하는 독재와 부패의 앞잡이와 심부름꾼으로 날뛰어 왔습니다. 우리나라 사회 지도층 상당수가 친일파 가문과 연결되어 있다는 민족문제연구소의 조사 결과는 이를 증명하는 것입니다. 그래서 친일파 후손의 민족 반역 행위는 해방 이후 민족 반역의 연장선상에 있는 것으로 규탄되고 심판되어야 마땅합니다.

4.

우리 땅 쌀 맛이라도
뵈주고 싶습니더!

Apple TV+에서 2022년 방송한 드라마 〈파친코〉에서는 다음과 같은
장면이 나옵니다.

양진(선자 어머니) : 우리 딸내미, 쪼매 있다가 신랑 따라 일본 갑니더. 제가
짜달시리 뭐를 해줄 형편은 못 되고, 우리 땅 쌀 맛이라도 뵈주고 싶습니
더. 그거라도 멕이가 보내고 싶어예.
가게 주인 : 세 홉이데이.
양진 : 고맙십니더.
가게 주인 : 선자 어매도 무른서, 설움… 쪼매 삼키라이.

위 장면은 이 드라마의 주인공 선자의 어머니 양진이 미곡상점에 가서
가게 주인에게 간청하여 쌀을 사는 장면의 일부입니다. 이 장면의 바로 앞
에서 가게 주인은 조선인들에게는 쌀을 못 팔게 되어 있다고 말합니다. 그
러자 양진은 딸이 시집가서 일본으로 떠나기 전 우리 땅 쌀 맛이라도 보여

주고 싶다고 간청하죠. 이에 가게 주인도 그 마음을 이해하고 쌀 세 홉을 팔기로 결정한 것입니다.

그렇다면 일제강점기 우리나라 사람들은 우리 땅에서 농사지은 쌀을 왜 먹지 못했던 것일까요? 그 이유는 일제의 쌀 수탈 때문입니다. 산미증식계획(1920~1934)은 말 그대로 산미, 즉 쌀 생산을 증식(증가)시키는 계획입니다. 쌀 생산을 증가시킨 배경을 보면, 당시 일본은 급격한 공업화 때문에 많은 사람이 공장 가서 일하느라고 농사짓는 사람들이 줄었어요. 그러니까 일본에서는 쌀이 부족해지잖아요. 그래서 부족한 쌀을 우리나라에서 보충하려고 산미증식계획을 했던 겁니다.

그런데 쌀 생산을 증가시켜서 증가한 양만큼만 가져가면 괜찮을 텐데 증가한 양보다 훨씬 더 많은 쌀을 일본으로 가져갔습니다. 쌀 생산량은 증가하였지만 산미증식계획 목표량은 달성하지 못하였습니다. 그러나 수탈 목표량은 달성하였습니다. 그러니까 어떻게 되었겠어요? 우리가 먹을 쌀이 부족해지잖아요. 그런데 우리가 굶어 죽으면 쌀을 뺏어갈 수가 없잖아요? 그래서 만주에서 저렴한 잡곡을 사다가 우리나라 사람들에게 가축 사료 주듯이 먹으라고 던져줬어요. 한마디로 개밥을 준 거예요. 이렇게 우리 대부분이 개밥 먹고 있을 때 총독부의 비호를 받은 식민지 지주들은 쌀 수출로 엄청 이익을 보았고, 쌀 증산에 들어간 비용은 소작농에게 떠넘겼습니다. 지주들은 이렇게 번 돈으로 사치하며 아주 잘 먹고 잘 지내고 있었지요. 그리하여 한국인들은 쌀 생산을 증가시켰음에도 1인당 쌀 소비량은 오히려 감소하고 일본인의 1인당 쌀 소비량은 증가하게 되었죠. 즉 드라마 〈파친코〉의 장면은 일제강점기 우리나라 사람들이 우리 땅에서 자란 쌀 맛을 모르고 살아가는 현실을 잘 보여준 것입니다. 그럼 이제 다시 일제 말기 식량 부족에 대한 대책으로 이루어졌던 절식 운동에 앞장선 친일파의 말을 들어봅시다.

대체로 우리 조선 사람은 너무 덮어놓고 과식한다고 생각합니다. 특히 쌀을 너무 먹어 왔어요. 아침이건 점심이건 저녁이건 저 오들오들한 가장 소화하기 어려운 쌀의 찌꺼기인 백미만을 먹고 있었습니다. [중략] 요즘처럼 야채가 풍부할 때는 야채만으로 때워도 상관없다고 생각합니다. 하루 세 끼는 습관일 뿐, 절대적으로 필요한 것은 아닙니다. [중략] 절대로 아이들에게는 어른들의 나쁜 습관을 배우게 해서는 안 됩니다. 그네들이야말로, 어떤 난관에 봉착하더라도 태연하게 야채면 야채만으로, 물이면 물만으로라도 영양불량에 안 걸릴 체질과 습관을 몸에 붙여주지 않으면, 다음 세대를 짊어지고 나갈 수 없는 것입니다.

_덕성여자실업학교장 송금선이 『신시대』 1943년 6월 호에 기고한 '바른 식생활' 중

일제강점기 군산항 일본으로 수탈할 쌀이 가득 쌓여 있습니다.

위의 글을 보면 쌀 부족의 원인을 쌀을 많이 먹는 우리 민족성 탓으로 돌리고, 잡곡과 야채로 배를 채우라고 말합니다. 그리고 야채면 야채만으로, 물이면 물만으로라도 영양불량에 걸리지 않을 체질과 습관을 몸에 붙여주어야 한다고 주장하죠. 이것이야말로 식민지근대화론의 허상을 잘 보

여주는 주장입니다. 일본의 쌀 수탈로 인한 쌀 부족을 한국인의 식습관 탓으로 돌리고 한국인의 건강을 위해서는 잡곡, 야채, 물로 배를 채워야 한다고 억지를 부리는 것이죠.

일제는 3·1 운동 이후 이른바 문화 통치를 내세우면서 회사령을 철폐했습니다.(1920) 신고만 하면 회사 설립이 가능하게 된 거죠. 즉 허가가 불필요하니까 회사나 공장을 세우는 게 쉬워진 겁니다. 그래서 일본인 자본가들의 자본 투자 즉 회사, 공장 설립을 촉진하고, 조선인 자본가들도 회사, 공장을 세우기 쉬워졌습니다. 그런 이유로 이 시기에 공장이나 회사가 많이 만들어졌습니다. 그러니까 일본 극우파들이나 식민지근대화론자들이 지금도 가끔 망언하는 것처럼 고도의 경제 성장이 이루어진 거예요. 그렇다면 일제가 우리를 잘살게 해주려고 그랬을까요? 당연히 아니죠. 당시 우리 노동자들에게는 월급도 조금만 주었고, 잠자고 밥 먹는 시간만 빼면 계속 일만 시켰어요. 즉 우리의 노동력을 저임금으로 착취하기 위해 회사, 공장을 설립했던 것입니다. 다음은 일제강점기에 우리 노동자들이 어떠한 노동 착취를 당했는가를 잘 알 수 있는 자료입니다.

어두컴컴한 공장에서 감독의 무서운 감시와 100도 가까운 열도 속에서 뜨거운 공기를 마시며 골육이 쑤시고 뼈가 으스러지도록 노동하는 근로자는 대개 15~16전으로, 6~7년 지나야 40~50전을 받게 된다. 기숙사는 한방에 10명씩 처넣고 노동시간은 길고 수위가 교대로 감시하여 자유를 제한하고 있다.
_〈조선중앙일보〉 1936년 7월 2일 자 중

1920년대 이후 아동 노동자 수는 급증하였으며, 아동 노동자는 장시간 노동과 노동재해, 질병, 저임금 등에 시달려야 했다. 조선의 공장 아동 노동자는 1920년대 방직공장을 중심으로 형성되기 시작하여, 1930년대 일제의 식민지 '공업화' 정책 이후 증가했다. [중략] 1943년 6월 현재 노동자 30인 이상을 고용하는 공장에서 아동 노동자의 비율은 무려 약 24.1퍼센트에 달했다. 실제로는 절대다수의 어린이가 '교육받고 즐거이 노는' 대신에 각종 노동에 시달려야만 했던 것이 당시의 현실이었다.

_『우리는 지난 100년 동안 어떻게 살았을까 3』, 한국역사연구회 중

위의 자료들을 통해서도 알 수 있지만 일제강점기 우리 노동자들의 노동 조건은 너무나도 열악했습니다. 일본인들의 몇 분의 1밖에 안 되는 임금을 받으며 노동시간은 하루 15~16시간에 이르는 경우가 허다했습니다. 특히 교육받아야 할 시기에 많은 아동은 공장으로 내몰려 장시간 노동, 노동 재해, 질병, 저임금 등에 시달려야 했습니다.

일제강점기에 경제의 고도성장이 이루어진 것은 사실입니다. 또한 쌀 생산도 증가하여 쌀 수출로 지주들은 많은 이익을 보았습니다. 소작농들은 비록 잡곡이나마 먹으며 배고픔은 면할 수 있었습니다. 그렇다면 일제 지

경성방직 공장 일제강점기 경성방직에서 일하던 여성 노동자들.

배는 우리에게 경제를 발전시켜주고 농업 선진화에 쌀 수출, 잡곡 수입으로 배고픔도 면하게 해준, 말 그대로 '축복'이었던 것일까요? 당연히 아닙니다. 도둑이 우리 집에 있던 쌀 한 가마니를 훔쳐 가면서 만 원짜리 한 장을 주고 간다면 도둑질이 아닌 것이 되나요? 여러분이 편의점에서 알바로 하루 종일 일하고 일당 만 원만 준다면 과연 편의점 사장은 나에게 일자리를 만들어 준 고마운 사람일까요? 일제강점기에 우리 민족이 쌀 수탈을 당하고, 노동력 수탈을 당한 것은 이와 같습니다. 결론적으로 식민지근대화론은 도둑에게, 악덕 사장에게 면죄부를 주는 궤변이라고 할 수 있는 것입니다.

5.

슬픈 승자…당신은
영웅입니다

1936년 베를린 올림픽 마라톤 시상식

　위의 사진은 1936년 베를린 올림픽 마라톤 우승자인 손기정 선수와 3위를 한 남승룡 선수가 시상대에서 고개를 숙이고 있는 장면입니다. 2023년 개봉한 영화 〈1947 보스톤〉에서도 첫 장면으로 묘사되었죠. 손기정 선수는 마라톤 우승자에게 주어진 묘목으로 자연스럽게 가슴의 일장기를 가릴 수 있어서 다행이었다고 합니다. 동메달을 딴 남승룡 선수는 묘목을 받지 못했고, 가슴의 일장기를 가릴 수 없었기에 부끄러운 마음에 더욱 고개를 숙이고 있었고, 묘목으로 일장기를 가릴 수 있었던 손기정 선수가 정말 부러웠었다고 합니다.

다음은 이와 관련된 내용으로 인터넷에서 어느 독일인의 글로 알려진 글입니다.

당신은 감동적인 이야기를 좋아하는가. 이 이야기를 이해하기 위해 먼저 지도를 펴기 바란다. 아마 당신이 알고 있을 중국과 일본 사이에 한국이라는 자그만 나라가 보일 것이다. 이 자그만 나라의 어느 마라토너가 중심에 있다. 어느 여름날 우연히 본 한 장의 사진 때문에 나는 이 나라, 아니 이 민족의 굉장한 이야기에 빠져들고 말았다. 1936년 히틀러 통치 시절, 베를린에서 올림픽이 열렸고 그때 두 일본인이 1위와 3위를 차지하였다. 그런데 시상대에 올라간 이 두 일본인 승리자의 표정이란… 인간이 표현할 수 있는 가장 슬픈 모습을 하고 있는 것이 아닌가. 이 불가사의한 사진. [중략] 슬픔의 이유가 여기에 있다. 그들은 깊게 고개를 숙인 채 한없이 부끄럽고 슬픈 얼굴을 어느 누구에게도 보이고 싶지 않았던 것이다. 그리고 이 뉴스를 전한 일본 검열 하의 몇몇 한국 신문은 이 사진 속의 일장기를 지워버렸다. 이 유니크한 저항의 방법, 일본 정부는 이 신문사를 폐간시키고 만다. [중략]
이 굉장한 이야기는 한국인이 놀라운 정신력으로 그들이 50년 전 잃어버렸던 금메달을 되찾으면서 절정에 달한다. 서울 올림픽 4년 후인 바르셀로나 올림픽. 마라톤에서 '황(영조)'이라고 하는 '손' 노인과 너무나 흡사한 외모의 젊은 마라토너가 몬주익 언덕에서 일본 선수들을 따돌리고 마침내 더 이상 슬프지 않은, 축제의 월계관을 따내고 만 것이다. 황은 시상식에서 태극기가 올라가자 기쁨의 눈물을 흘렸고 스탠드로 달려가 비극의 마라토너 '손'에게 자신의 금메달을 선사하곤 깊은 예의로서 존경을 표했다. 손 노인은 "이제 죽어도 한이 없다"고 말했다고 한다.

나는 이 이야기를 접하고는 인간에 대한 신뢰에 한없이 자랑스러움을 숨길 수 없었다. 인간이란 이 한국인, 아니 이 한민족처럼 폭력과 거짓과 다툼이 아니라 천천히 그러나 불굴의 의지로서 자신들의 고통을 해결할 수 있는 것이다. 아직도 궁금하거든 도서관에 달려가라. 그리고 1936년 베를린 올림픽 마라톤 시상대에 선 두 한국인의 사진을 찾아라. 당신은 그 순간 세상에서 가장 행복한 인간이 될 것이다.

_KBS 2002년 11월 15일자 뉴스 '손기정 옹, 슬픈 승자⋯ 당신은 영웅입니다' 중

손기정과 만난 김구 1947년 보스턴 마라톤 대회 이후 경교장에서 찍은 기념사진. 왼쪽부터 손기정, 서윤복, 김구, 남승룡.

위의 글은 일장기를 어쩔 수 없이 달고 뛰었던 이미 고인이 되신 두 영웅, 손기정 옹과 남승룡 옹의 나라 없는 슬픔과 민족에 대한 사랑을 가슴으로 느낄 수 있는 글입니다. 해방 후 1946년 8월 베를린 올림픽 우승 10주년 기념행사장에 참석한 김구는 손기정 선수가 우승할 당시의 소회를 다음과 같이 털어놓았습니다.

나는 오늘까지 세계를 제패한 손기정, 남승룡 군으로 인해 세 번 울었다. 10년 전 난징의 컴컴한 방 안에서 나라 없는 청년이 세계열강의 젊은이들과 겨뤄 우승했으나 조선 사람이면서도 가슴에 일장기를 붙이고 조선 사람 행세를 못 하는 모습을 신문으로 보면서 가슴 아파 울었다. 태평양전쟁이 일어났을 때 충청에서는 조선 청년 손

기정이 일본군에 지원해 필리핀 군도에서 전사했다는 소식을 듣고 원통해
서 울었다. 또 오늘은 죽었다던 손 군을 광복된 조국 땅에서 다시 만나 이
렇듯 뜻깊은 자리에 함께했으니 감격해서 울지 않을 수 없다.

_『나의 조국 나의 마라톤』(손기정 자서전) 중

　　김구도 이렇게 걱정할 만큼 손기정
선수는 우리 민족에게 희망을 주었던 스
타이자 영웅이었습니다. 하지만 지금까
지 살펴본 것처럼 손기정 선수의 가슴에
달린 일장기는 우리 민족이라면 누구나
치욕스럽게 생각한 모습이었습니다. 그래
서 벌어진 일이 바로 일장기 말소 사건입
니다.

　　그럼 먼저, 이 사건의 전개 상황을 말

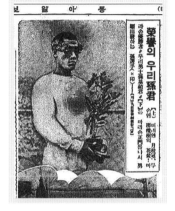

일장기가 삭제된 사진　〈동아일보〉
1936년 8월 25일자.

씀드리겠습니다. 1936년 8월 13일 〈조선
중앙일보〉와 〈동아일보〉 지방판은 손기정 선수의 가슴에서 일장기를 지
운 사진을 실어 보도했습니다. 이러한 상황은 문제되지 않고 있다가 〈동아
일보〉가 8월 25일 다시 일장기 말소 사진을 실으면서 사건이 확대되어 〈조
선중앙일보〉와 〈동아일보〉는 똑같이 정간 조치를 당합니다. 이후 〈조선
중앙일보〉는 폐간되었고, 〈동아일보〉는 다시 복간되었습니다.

　　나 역시 마라톤으로 이름깨나 났다 해서 학도병 모집에 강제 동원되었다.
그렇지 않으면 무슨 화를 당할지 모를 일이었다. 조인상 선배와 경성, 회령
등 함경북도 변방으로 다니다 겪은 일이었다. 총독부에서 시킨 대로 학병
지원을 권했다. [중략] 학병 지원 권유에 나섰던 우리는 바보짓을 하고 다

녔음을 후회했다.　　　　　　　　　　　_『나의 조국 나의 마라톤』(손기정 자서전) 중

　위의 글은 손기정 옹이 자신의 자서전에서 일제 말기 학도병 모집에 강제 동원되어 학병 지원을 권유하는 연설을 한 것에 대해 반성하는 내용입니다. 그런데 일부에서는 손기정이 학병 지원 연설을 하였고, 일장기를 달고 일본 대표 선수로 활약하였기 때문에 친일파라는 궤변을 늘어놓는 경우도 있습니다. 친일파와 손기정 옹이 같다는 논리가 어찌 가능합니까? 이것은 궤변을 넘어서 모욕입니다. 올림픽 우승 이후 오로지 마라톤에만 전념하며 살아왔던 손기정이 "일장기를 달고 뛰었으니 친일파"라는 궤변은 야구 선수였던 선동렬, 이종범, 이대호가 일본 프로야구에서 뛰었으니 친일파라는 논리와 뭐가 다릅니까? 같은 민족을 죽이고 고문한 친일파의 일장기와 묘목으로 가릴 정도로 부끄러워했던 선수복에 달린 일장기를 똑같은 일장기라고 생각하는 그 두뇌 구조가 참 신기할 정도입니다.

손기정의 사인들　한글로 '손긔정', 영어로 'KOREAN'이라고 쓰여 있습니다.

　손기정은 베를린 올림픽에 참가한 기간 동안 외신 기자들과 팬들의 사인 요청에 항상 한글 사인을 하였다고 합니다. 자신은 일본인이 아닌 한국인이라는 사실을 알리고 싶어 했기 때문이죠. 베를린 올림픽 당시 손기정과

손기정 훈련복 사진 베를린 올림픽 기간 중 손기정은 일장기를 단 훈련복을 입지 않았습니다. 왼쪽부터 남승룡, 시오아쿠, 손기정, 사토 코치.

함께 뛰었던 마라톤 선수 존 켈리는 "손기정은 언제나 국적에 관한 질문에 코리아라고 답했다"고 증언했습니다. 또한 손기정은 올림픽 기간 동안 훈련 할 때도 일장기가 없는 옷을 입고 훈련하였으며, 귀국 때도 역시 일장기가 달린 선수단복을 입지 않기 위해 자신이 다닌 양정고보 5학년 담임이었던 황욱 선생님에게 부탁하여 양정고보 교복을 전해 받았고, 그 교복을 입고 귀국 비행기에서 내렸습니다. 이러한 측면에서 손기정은 전 세계에 자신을 한국인이라고 알리고 싶어 했고, 일장기를 부끄러워했던 슬픈 영웅이었다고 할 수 있을 것입니다.

손기정 귀국 사진 1936년 10월 17일 서울 여의도 비행장에 도착한 손기정 이 양정고보 교복을 입고 있죠.

6.

한 사람의 열 발자국보다
열네 놈의 한 발자국이 더 낫지 않겠어?

조선어학회 생존자 조선어학회 사건
으로 투옥되었던 생존자들이 해방 후
1946년 모여 촬영한 사진.

2019년 개봉한 영화 〈말모이〉의 배경이 되는 사건은 조선어학회 사건
입니다. 이 사건의 출발점은 1942년 박병엽이라는 일본 유학생으로부터 시
작되었습니다. 박병엽은 일본 경찰의 검문에 반발하다 자택 수색까지 당하
게 되었습니다. 그런데 이때 박병엽의 조카인 박영희가 한글로 쓴 일기장이
발견되었는데, 일본 경찰은 이를 문제 삼아 수사를 확대하였습니다. 당시 박
영희는 함경남도 함흥 영생여학교 학생이었는데, 이 학교 국어 교사였던 정
태진이 경찰서에 끌려가 고문을 받기 시작했습니다. 이 과정에서 정태진은
조선어학회 회원이었음이 밝혀지고, 결국 많은 조선어학회 회원이 끌려가

고문을 받았으며, 이 중 이윤재, 한징 2명이 고문으로 사망하였습니다. 살아남은 회원들도 치안유지법 위반, 즉 독립운동을 했다는 이유로 처벌받았습니다.

『우리말 큰 사전』 원고

영화 〈말모이〉의 주인공은 판수와 정환입니다. 정환은 조선어학회의 대표이고, 판수는 문맹에다가 소매치기 등 전과까지 있는 사람이죠. 이 영화의 배경 사건이 조선어학회 사건이기 때문에 더 중요한 주인공은 정환이라고 생각할 수 있지만 사실 진짜 주인공은 판수입니다. 문맹이었던 판수는 조선어학회에서 심부름을 하면서 한글을 읽을 수 있게 되고 애국자가 되어갑니다. 당시 『우리말 큰 사전』을 편찬하기 위한 '말모이' 사업은 각 지방의 사투리 수집도 중요했습니다. 실제로 전국 각지의 많은 학생과 서민이 보내준 사투리들은 사전 편찬 작업에서 매우 중요한 역할을 했습니다.

이 영화에서도 창고에 가득 쌓인 편지들 속에 전국의 사투리들이 모이거나 판수가 데려온 각 지방의 친구들이 조선어학회의 사투리 정리를 도와주는 장면 등이 묘사되었는데, 판수와 같은 서민들이 우리 한글을 지키는 데 중요한 역할을 했음을 보여주는 장면이었습니다. 이 영화에서 판수가 말한 "한 사람의 열 발자국보다 열네 놈의 한 발자국이 더 낫지 않겠어?"라는 말이 상징하는 것도 이와 같습니다. 소수의 엘리트가 역사를 이끌어나가는 것보다 다수의 서민이 함께 한 발자국씩 진보하는 것이 더 바람직한 역사라는 것을 말해줍니다.

이 영화에서는 당시의 시대 상황을 보여주는 장면들도 많이 묘사되었습니다. 먼저 일제가 조선어 사용을 금지하는 내용들이 있는데, 특히 학교

조선어학회에서 발행한 잡지 『한글』

현진건의 사진

에서 조선어를 쓰는 학생을 보자 일본인 교사가 마구 때리는 장면은 조선어학회 사건의 실제 출발점이 박영희 학생의 한글 일기장이었다는 것을 보여줍니다. 또한 학교에서 창씨개명을 강요하자 어쩔 수 없이 창씨개명을 하면서도 우리 이름에 담긴 뜻을 말하며 우리 이름이 더 좋다고 말하는 장면이 있는데, 실제로도 일제는 조선인이 창씨개명을 하지 않으면 학교에서 교사가 학생을 구타하거나 퇴학시키고, 일반인들은 배급도 주지 않는 등 탄압을 가하였습니다.

당시 일제가 우리말 사용을 금지하거나 창씨개명을 강요한 이유는 무엇일까요? 이 영화에서도 묘사한 바와 같이 당시 일제는 학생들까지 전쟁터로 내몰고 있었습니다. 그들이 벌이는 태평양전쟁에 우리 민족을 동원하기 위해서는 완전한 일본인이 필요했습니다. 이를 황국신민화 정책이라고 합니다. 조선인의 민족성을 없애고 완전한 일본인으로 만들어 전쟁터에 내몰아 죽이려고 했던 것이죠. 그래서 민족 말살 정책이라고 합니다.

민족의 고유성을 보여주는 가장 중요한 것이 바로 말, 글, 이름, 역사입니다. 그래서 일본은 조선어 사용을 금지하고, 한글로 신문, 잡지를 폐간하였죠. 이 영화에서도 조선어학회에서 발행하던 잡지 『한글』이 폐간되는 장면이 나왔습니다. 또 일제는 창씨개명을 강요하여 우리 이름을 없애고, 내선일체론, 일선동조론이라는 역사 왜곡을 하여 일본과 조선은 원래 한민족이었다는 말도 안 되는 주장을 우리 민족에게 강요하였습니다.

그러나 우리 민족은 일제의 이러한 민족 말살 정책에 굴하지 않았습니다. 문맹이었던 판수는 한 달 안에 한글을 배우고, 현진건이 쓴 소설 「운수 좋은 날」을 읽으며 눈물을 흘리며 감동할 정도가 됩니다. 한글을 너무 쉽게 배울 수 있게 만들어 주신 세종대왕 덕분에 우리 민족의 문맹률은 세계 최저입니다. 이 영화의 '말모이' 사업이 가능했던 이유도 각 지방의 사투리를 한글로 적어 보내준 전국의 수많은 '판수'들이 있었기 때문입니다. 대다수 서민들이 사용한 한글과 우리말을 없애기 위한 일제의 정책은 완전히 실패로 끝났습니다. 제2차 세계대전 이후 해방된 민족들 중 자신의 고유어를 완전히 되찾은 민족은 우리 민족이 유일합니다. 우리 민족에겐 자랑스러운 한글과 그 한글을 지킨 '판수'들이 있었기 때문입니다.

7.

군함도의 한국인과
노르망디의 한국인

군함도 하시마(端島) 탄광이 운영되었죠. 하
시마 탄광은 미쓰비시가 운영한 해저탄광으
로 '지옥섬'이라는 악명을 떨쳤습니다.

유네스코는 2015년 군함도에 대한 세계유산 등재 결정을 내리면서 '한
국인 노동자의 강제노역 같은 역사적 사실을 알릴 것'을 조건으로 내걸었습
니다. 그러나 현재 일본은 약속을 지키지 않고 있기에 2021년 유네스코는
'당사국이 관련 결정을 아직 충실히 이행하지 않은 데 대해 강한 유감 표명
과 충실한 이행'을 촉구하였습니다. 그렇다면 일제강점기에 군함도에서는 어
떤 일이 벌어졌던 것일까요?

2017년 개봉한 영화 〈군함도〉는 탄광 속에서 위험한 일을 하는 한국
인 광부들의 모습으로 시작합니다. 탄광이 무너지는 사고로 많은 사람이 다

치는 장면은 군함도가 지옥과 같은 곳이었음을 보여줍니다. 그리고 군함도에서 탈출한 청소년들이 결국엔 모두 시체가 되어 군함도로 돌아오는 장면은 군함도가 하나의 감옥과 같은 곳이었음을 말해줍니다.

규슈 탄광에 강제 징용된 한국인들이 남긴 낙서

이 영화의 주인공들은 각자의 사정들이 있지만 강제로 끌려왔다는 것은 모두 똑같습니다. 실제로 일본은 1938년 국가총동원법을 제정하고, 이를 근거로 지원병제, 학도지원병제, 징병제를 순서대로 시행했습니다. 이 기간에 끌려간 한국인 청년들은 20만여 명에 달합니다. 또한 1939년에는 국민징용령을 만들어 한국인 청장년들을 강제 동원하기 시작했습니다. 특히 일본, 중국, 사할린, 동남아시아, 남태평양까지 끌려간 한국인들은 72만여 명으로 탄광, 군수공장, 건축 공사장 등에서 위험하고 힘

일제 강제징용 노동자상 일제에 의해 강제 노역에 동원된 노동자들을 기리기 위해 용산역 광장에 세워져 있습니다.

든 작업에 동원되었습니다. 특히 조선 총독부는 각 지역별, 기관별로 인원을 할당하여 동원하였는데, 이 영화에서 묘사된 것처럼 속아서 끌려오는 경우가 많았습니다.

일제의 패망이 다가오면서 대한민국 임시정부에서는 군함도에 갇혀 있는 독립운동가 '윤학철'을 구출하기 위해 OSS(미국 전략 정보국)와 연합하여 훈련받던 한국광복군 '박무영'을 군함도로 파견합니다. 실제로 대한민국 임

일본 홋카이도에 강제 징용된 한국인들

노르망디의 한국인 노르망디 상륙작전 직후 붙잡힌 독일군 포로 중 자신이 'Korean'이라고 신분을 밝힌 사람이 있었죠.

시정부에서는 OSS와 합작하여 한국 광복군 제2, 제3지대를 국내 침투 요원으로 훈련시키고 있었는데, 1945년 8월 20일 국내 진공 작전을 눈앞에 두고 8월 15일 광복으로 계획은 무산되었습니다. 그래서 일본의 항복 소식을 들은 김구는 오히려 안타까워했다고 합니다. 우리 스스로의 힘으로 나라를 되찾을 기회를 잃어버렸기 때문에 외세의 뜻에 따라 우리 민족의 운명이 흔들리게 되었던 것이죠.

어쨌든 박무영은 군함도에 잠입하여 들어갑니다. 그러나 독립운동가인 줄 알았던 윤학철은 사실은 친일파였습니다. 한국인 노동자들의 임금을 빼돌려 횡령하고, 탈출하는 한국인들을 밀고하는 등 같은 동포들을 팔아먹었습니다. 이를 알게 된 박무영은 윤학철을 처단하고 한국인들을 탈출시키기 위해 한국인들을 하나로 뭉치고 일본과 싸워나갑니다. 그러나 군함도에서 같은 동포들을 괴롭히던 친일파들은 끝까지 같은 민족을 배신합니다. 이 영화에서 묘사한 것처럼 친일파들은 일본이 패망하는 날까지 일본을 위해 전쟁터에 나가 죽으라고 동포들을 내몰았습니다. 이 영화에서는 결국 친일파들도 죽음을 면치 못하지만 실제로는 많은 친일파들은 제대로 된 처벌을 받지 못했습니다. 1948년 만들어진 반민특위의 활동이 1949년 중단되면서 구속되었던 친일파들도 모두 풀려나는 등 친일파 청산에 실패했기 때문이죠.

위 사진은 2011년 개봉한 영화 〈마이웨이〉의 모티브가 된 사진입니다. 미군의 노르망디 상륙작전 직후 붙잡힌 독일군 포로 중 자신이 'Korean'이라고 신분을 밝힌 사람이 있었다고 하죠. 만약 이 독일군 포로가 한국인이라면 어떻게 노르망디까지 오게 된 것일까요? 이 영화에서 묘사된 것처럼 주인공 '준식'처럼 일본군으로 징병되어 러시아군과 싸우다 포로가 되었을 가능성이 높습니다. 일본군에 적개심을 갖고 있던 '준식'은 러시아군으로 옷을 바꿔 입고 이번에는 독일군과의 전투에 내몰립니다. 그리고 다시 독일군의 포로가 되지만 원래 자신이 독일의 동맹인 일본군이었음을 내세워 다시 독일군이 됩니다. 결국 이 'Korean'은 미군의 노르망디 상륙작전 직후 독일군 포로로 붙잡히지만, 자신이 일본에 의해 강제로 끌려온 한국인이라고 미군에게 호소한 것으로 추정할 수 있습니다.

이러한 이야기의 출발점은 1938년인데, 바로 인적, 물적 자원 수탈을 목적으로 국가총동원법이 제정된 해입니다. 이 법은 한국인들에게 일본의 전쟁에 참여하도록 강제했으며, 지원병제와 징병제를 통해 수많은 한국의 청년들을 전장으로 보냈습니다. 그들은 일본군의 노예가 되어 인간다운 대우를 받지 못했으며, 구타, 학대, 차별, 괴롭힘을 당했고, 많은 사람이 죽거나 실종되었습니다. 우리는 이러한 역사를 잊어서는 안 됩니다. 우리는 일본의 침략과 탄압으로 얼마나 많은 희생과 고통이 있었는지 기억해야 합니다. 또한 우리는 이러한 일이 다시 일어나지 않도록 세계의 평화와 인권을 위해 목소리를 내야 하며, 역사를 통해 배우고, 미래를 향해 나아가야 할 것입니다.

VI.

정의로운
한국 현대사

1.

네가 왜 여기에 있어!
해방이 되었어! 스즈끼!

1991년 MBC에서 방영된 드라마
〈여명의 눈동자〉의 여자 주인공 '여
옥'은 1943년 일본군에 의해 위안부
로 강제로 끌려갑니다. 다른 한국인
여성들과 함께 위안소에서 참혹한 생
활을 하는 모습들이 묘사되었습니다.
그리고 학도지원병으로 끌려온 한국
인 출신 '대치'를 만나 사랑에 빠지고
임신하게 됩니다. 그러나 '대치'의 부

만삭의 위안부 사진 사진 오른쪽 끝이 만삭
인 고 박영심 할머니.

대가 인도 동북부의 임팔 전선으로 이동하고, '여옥'도 동남아시아 사이판섬
의 위안소로 이동하면서 헤어지게 되죠.

그리고 미군의 사이판 점령 직전 일본군들은 한국인 위안부들을 정글
로 끌고 가 기관총으로 학살합니다. 만삭인 '여옥'은 정글 속으로 탈출하여
간신히 살아남았습니다. 실제로도 북한의 고 박영심 할머니는 난징, 미얀마

부민관 일제강점기 당시의 건물 사진. 부민관은 해방 후 한국전쟁을 거치며 국회의사당으로 이용되었는데, 현재는 서울시의회 의사당으로 사용되고 있습니다.

등으로 끌려다니며 위안부 생활을 하였는데, 1944년 9월 7일 일본군이 위안부들을 방공호에 몰아넣고 학살을 벌였다고 이야기합니다. 만삭이었던 박영심 할머니는 몇 명의 위안부들과 함께 방공호에서 탈출하여 학살을 피했고, 산속에 숨어 지내다 중국군에 구출되어 살아남았다고 증언하였습니다.

한편, 역시 학도지원병으로 끌려온 한국인 출신 '하림'도 미군이 사이판을 점령하기 직전 일본군을 탈출하여 미군에게 투항합니다. '하림'과 '여옥'은 미군들에게 OSS 요원으로 훈련받을 것을 제안받습니다. 훈련을 마치고 각각 국내에 침투한 두 사람은 드디어 부민관에서 폭탄을 터트리는 작전을 펼치기도 합니다. 그런데 이 '부민관 폭파 사건'은 광복 직전 실제 일어난 사건입니다.

민족문제연구소에서 활동한 고 조문기 이사장은 1945년 7월 24일 부민관에 유만수, 강윤국 등과 함께 폭탄을 설치했던 독립운동가입니다. 이날 부민관에서는 친일파들의 '아시아 민족 분격 대회'가 열리고 있었는데, 비밀 결사인 대한애국청년단을 결성했던 조 이사장 등이 미리 설치해 둔 폭탄을 터뜨렸던 사건입니다. 이를 '부민관 폭탄 의거'라고 합니다. 부민관은 당시 친일 성향의 예술 공연이나 각종 친일 정치 집회 등이 열렸던 곳으로서 이날 친일파 거물 박춘금이 이끄는 대의당(大義黨)이 주최한 이 대회는 동아시아 여러 나라의 대표적 친일파들이 한자리에 모여 일제에 대한 충성을 맹세하고 미국에 대한 결사 항전을 선동하는 자리였습니다. 폭탄이 터지자 대의당 당원 한 명이 즉사하고 수십 명의 부상자가 발생했습니다. 사건 직후 친일파 박춘금은 친일파들에게는 폭탄 테러범이었던 조 이사장 등에게 5만 원의 현상금을 걸었습니다. 오늘날 시가로 약 50억 원입니다. 그러나 범인은 잡지 못했습니다. 이 사건 후로 한 달도 못 되어 일제가 패망했기 때문입니다. 다음은 조 이사장이 생전에 언론과 했던 인터뷰 내용입니다.

> 난 우리나라가 지금처럼 분열되고 난맥을 보이는 것은 친일파 청산을 하지 못했기 때문이라고 생각해. 무슨 개혁을 하려고 해도 사사건건 은밀하게 방해를 하고. 우리나라가 해방 이후에도 굴종과 굴욕의 길을 걸어온 근본원인은 친일파 청산을 하지 못했기 때문이야. 난 오로지 한 생각밖에 없어. 친일파 청산. 우리 민족은 이 문제를 해결하지 못하는 한 한 발자국도 앞으로 나갈 수가 없어. 이 문제를 해결하지 않고서는 민족 화해나 통일을 이야기할 수도 없고. 하더라도 그저 구호에만 그칠 수밖에 없을 거야.
>
> _<오마이뉴스> 2003년 8월 29일자 기사 '[인터뷰] 8·29 국치일에 만난 '살아있는 독립운동가' 조문기' 중

다시 드라마로 돌아갑시다. 부민관 폭파 사건으로 경찰에 붙잡힌 '여옥'과 '하림'은 1945년 8월 15일 해방이 되면서 석방됩니다. 그리고 얼마 후 '하림'은 경찰서에 갔다가 자신을 고문하던 친일파 경찰 '스즈끼'가 경찰로 일하고 있는 것을 발견합니다. '하림'은 "스즈끼! 네가 왜 여기에 있어! 네가 왜 여기에 있어! 해방이 되었어! 스즈끼!"라고 외치고 몸싸움을 벌이며 항의합니다. 왜 이러한 일이 벌어졌을까요? 먼저 다음 기록을 보시죠.

제2조 정부 등 모든 공공기관에 종사하는 직원과 고용인은 별도의 명령이 있을 때까지 종래의 정당한 기능과 업무를 수행하고 모든 기록과 재산을

보존 보호하여야 한다.

위 기록은 1945년 9월 9일 발표된 태평양 미 육군 총사령관 맥아더 포고령 제1호의 일부입니다. 위 기록의 '직원과 고용인'은 한마디로 '친일파'입니다. 일본인들은 모두 철수하여야 하는 상황에서 한국인으로 총독부 및 그 하부 기관에서 일하던 친일파들은 미군정 아래에서 그대로 일하게 되었던 것이죠. 이러한 상황에 분노한 '하림'은 일제 말기 OSS 요원 훈련을 하며 알게 된 미군 장교의 도움으로 미군정에 들어가게 됩니다. 그리고 '여운형은 친일파'라는 정보 보고서를 읽게 됩니다. 미군 장교는 자신들에게 유일한 정보 제공자는 영어를 말할 줄 아는 사람들, 즉 친일파들이라는 것을 말하죠. 실제로 1945년 9월 12일자 미군정 정보 보고서에는 여운형이 친일파라는 내용이 남아 있습니다. 친일파들이 잽싸게 영어를 배워 미군들에게 엉뚱한 정보를 제공했던 것이죠.

여운형의 사진

미군정이 끝나고 1948년 8월 15일 대한민국 정부가 수립되자 제헌의회에선 반민족행위처벌법을 제정합니다. 이 법에 따라 반민특위(반민족행위특별조사위원회)가 활동을 시작하여 친일파들이 체포되어 조사받게 됩니다. 반민특위에서 활동하던 '하림'은 '스즈끼'를 구속하는 등 친일파 청산을 위해 노

반민특위에 체포된 친일파들 오른쪽에서 두 번째가 최린입니다.
민족 대표 33인이었으나 이후 자치론 등을 주장하며 친일파로 변절하였죠.

력하지만 곧 반민특위 활동은 중단됩니다. 이 드라마에서도 묘사된 것처럼 이미 이승만 정부의 손발이 된 친일파들을 처벌하도록 그냥 두지 않을 것이란 어느 변호사의 말은 사실이었습니다.

실제로 이승만 정부는 반민특위 활동에 비협조적이었고, 곧 국회 프락치 사건이 일어나 반민특위 소속 국회의원 일부가 간첩 혐의로 구속되었습니다. 또한 친일파 경찰들이 반민특위를 습격하여 오히려 반민특위 조사관 등을 폭행하는 사건이 벌어지기도 했습니다. 곧 반민특위 활동은 중단되었고, 조사받던 친일파들은 모두 풀려 나왔습니다. 이 드라마에서도 '스즈끼'가 다시 경찰복을 입고 감옥에서 나와 경찰차를 타고 복귀하는 모습이 나오는데, 보다 보면 화가 치밀어 오르는 장면입니다.

이 드라마에서 '대치'와 '여옥'이 제주도로 옮겨가고 '대치'는 제주도의 좌익 세력들과 함께 1948년 4월 3일 파출소 등을 습격합니다. 또한 미군정에 있던 '하림'은 4·3 사건 진압을 위해 제주도에 들어옵니다. 실제로 제주도의 좌익 세력들은 단독정부 수립 반대 등을 주장하며 무장봉기를 일으켰는데, 한라산으로 숨은 좌익 세력들을 진압하는 과정에서 수만 명의 민간인 학살이 일어났습니다. 이를 제주 4·3 사건이라고 합니다.

이 드라마에서도 묘사된 것처럼 경찰과 서북청년단은 마을을 돌아다니면서 좌익 세력의 가족들을 색출하여 산골짜기로 끌고 가 학살하였습니다. 밤이 되어 산에서 내려온 좌익 세력들은 다시 경찰에게 자신의 가족들을 색출하여 넘긴 사람을 처형합니다. 이러한 혼란이 계속되면서 제주도에서는 5·10 총선거를 제대로 치르지 못했습니다. 제주도에는 3개 선거구가 있었는데, 1개 선거구만이 선거가 진행되었고, 2개 선거구는 제대로 진행되지 못할 정도였습니다.

2003년, 정부는 4·3 사건에 대해 공식 사과를 했습니다. 우리나라 현대사의 잘못된 과거를 정부가 나서서 진상을 규명하고 사과를 한 최초의 사례입니다. 왜 이렇게 당연한 일이 55년이 지난 후에야 이루어질 수 있었을까요? 바로 역사는 현재와 과거의 대화이기 때문입니다. 우리가 어떻게 살아가느냐에 따라 역사는 달라진다는 것입니다. 1948년 당시 제주도 사람들은 육지로부터 봉쇄되어, 진상규명 보고서에 따르면 2만 5천 명에서 3만 명이 무고하게 학살당했습니다. 이 사건이 바로 4·3입니다. 비록 좌익 세력의 무장 봉기가 직접적인 계기가 되었더라도, 죄 없이 죽어간 많은 사람의 억울함을 늦었지만 국가가 풀어주게 되었으니 정말 가슴 아프지만 고인들과 유족들의 명예가 회복되었다는 측면에서는 다행스러운 일입니다. 4·3 사건 이후 유족들은 빨갱이, 폭도들의 가족으로 죄인처럼 살아왔습니다. 정부의 공식 사과에 이르기까지 제주도민들과 진상규명 운동가들의 4·3 사건 진상규명을 요구하는 움직임은 1987년 6월 항쟁 이후 줄기차게 전개되었습니다. 이런 노력의 결과 2000년 5월 진상규명과 명예 회복을 위한 제주 4·3 특별법이 만들어졌고, 결국 우리 역사가 민주화를 위해 한 발자국씩 나아갈 수 있었기에 4·3의 진상규명도 이루어졌던 것입니다.

다시 드라마로 돌아갑시다. 6·25 전쟁이 일어나고 '대치'는 북한군으로 내려오고, '여옥'은 폭격으로 아들을 잃고, 전쟁고아들을 키우며 살아갑니다. 인천상륙작전의 성공으로 보급로를 끊긴 북한군은 철수하는 과정에서

지리산으로 들어가 빨치산 활동을 하는데, '대치'도 지리산에서 빨치산 활동을 합니다. 결국 지리산에서 운명적으로 다시 만난 '여옥'과 '대치'는 죽음을 맞이하고 드라마는 끝이 납니다. 우리 민족의 현대사에서 가장 비극적인 시대를 슬프게 그린 명작 드라마였습니다.

2.
드라마 <서울 1945>로 살펴본
해방 직후의 한국 현대사

2006년 KBS에서 방송된 드라마 <서울 1945>에서는 1945년 8월 15일 일왕의 항복 방송을 우리나라 곳곳에서 사람들이 모여 라디오로 듣는 모습을 묘사하면서 특히 친일파들이 분노하는 장면을 보여주었습니다. 우리 민족 대다수가 기뻐하는 해방이 친일파들에게는 하늘이 무너지는 일이었던 것이죠. 그리고 8월 16일 여운형이 휘문중학교에서 우리 민족이 해방되었음을 공식 선언한 이후 우리 민족이 곳곳에서 태극기를 흔들고 대한 독립 만세를 외치며 기뻐하는 장면들이 이어집니다. 그리고 함경도 지역에서 감옥에 갇혀 있는 사람들의 모습이 이어지죠. 곧 일제 경찰들이 들어와 감옥 문을 열어 주며 모두 나오라고 하죠. 사람들은 믿어지지 않는다는 표정을 지으며 바로 나오지를 못합니다. 이 장면은 당시 우리 민족이 해방된 상황을 상징적으로 보여주는 것이었습니다. 우리의 힘이 아닌 연합국의 승리로 갑자기 이루어진 해방이었기에 쉽게 해방을 믿을 수 없었던 것입니다.

해방 직후 여운형을 중심으로 건국준비위원회가 결성되어 우리 민족의 건국 준비가 시작되었습니다. 미군의 상륙이 늦어지면서 건국준비위원회는

9월 6일 조선인민공화국을 선포하였습니다. 그러나 9월 7일 인천에 상륙한 미군은 포고령을 통해 조선인민공화국의 건국을 인정하지 않았습니다. 이후 미군은 9월 9일 서울에서 조선총독부로부터 행정권을 이양받아 미군정을 시작하였습니다. 미군이 들어

모스크바 3국 외상 회의

오자, 그동안 숨죽이고 있던 친일파들은 미군에 접근하기 시작합니다. 〈서울 1945〉에서는 한 친일파의 아들이 미국 유학 중 미군에 입대하여 해방 후 미군과 함께 들어옵니다. 이에 친일파들은 미군으로 돌아온 아들에게 미군에게 줄을 대달라고 부탁하죠. 실제로 친일파들은 잽싸게 영어를 배워 미군에게 접근하여 친미파로 변신합니다.

이 드라마에서는 모스크바 3국 외상 회의에서 우리나라에 대한 신탁통치를 결정했다는 소식이 전해지면서 많은 대학생이 분노하는 장면과 김구를 비롯한 좌익, 우익을 총망라한 민족 지도자들이 모여 신탁통치에 대한 반대 투쟁을 결의하는 장면들이 묘사되었습니다. 그런데 당시 신탁통치 결정에 대한 보도 과정에서 〈동아일보〉는 사실과 다른 보도를 하였습니다. 먼저 그 보도 내용을 봅시다.

막사과(莫斯科·모스크바)에서 삼국 외상 회의를 계기로 조선 독립 문제가 표면화하지 않는가 하는 관측이 농후하여 가고 있다. 즉 번즈 미국 국무장관은 출발 당시에 소련의 신탁통치안에 반대하여 즉시 독립을 주장하도록 훈령을 받았다고 하는데 삼국 간에 어떠한 협정이 있었는지 없었는지는 불명하나, 미국의 태도는 카이로 선언에 의하여 조선은 국민투표로써 그 정부의 형태를 결정할 것을 약속한 점에 있는데 소련은 남북 양 지역을 일괄

한 일국 신탁통치를 주장하여 삼팔도선에 의한 분할이 계속되는 한 국민투표는 불가능하다고 하고 있다.

_〈동아일보〉 1945년 12월 27일 '소련은 신탁통치 주장, 소련의 구실은 38선 분할 점령, 미국은 즉시 독립 주장' 기사 중

위 〈동아일보〉의 보도에 따르면 모스크바 3국 외상 회의에서 미국은 즉시 독립을 주장하고, 소련은 신탁통치를 주장하였다고 합니다. 그러나 실제 역사적 사실은 이와 달랐습니다. 협상 과정에서 미국은 한국에 대한 10년간 신탁통치를 주장했고, 소련은 즉시 독립을 주장했습니다. 그러나 〈동아일보〉의 보도는 실제와는 정반대인 중대한 오보였습니다. 그리고 이러한 오보는 우리 민족 모두에게 사실로 전달되었습니다. 좌파 역시 이를 몰랐던 것으로 보입니다. 좌파가 찬탁으로 돌아서면서 미국이 신탁통치를 먼저 제안했다는 것을 알았다면 찬탁 운동을 위한 구호로 그것보다 더 좋은 호재는 없었을 것입니다. 우파가 미군정의 영향을 받고 있었던 것은 분명한 사실이고, 이러한 사실은 우파와 미군정을 적어도 이간질할 수 있는 내용이었습니다. 이런 사실을 보아 좌파는 그 당시 미국이 신탁통치를 먼저 제안했다는 사실을 몰랐다고 보는 게 맞습니다.

사실 미국이 신탁통치를 먼저 제안했다는 것은 한반도의 공산화를 막겠다는 의지에서 출발한 것입니다. 당시 미, 영, 중, 소의 4개국 중 공산 국가는 소련뿐이었다는 것을 기억해야 합니다. 한마디로 미국과 소련의 1 : 1 대결을 미국, 영국, 중국과 소련의 3 : 1 대결로 만들려는 의도였던 것입니다. 미국이 처음 제안한 시안은 미, 영, 중, 소 4개국 대표에 의한 통치, 즉 말 그대로 신탁통치였습니다. 또 최대 10년의 신탁통치를 할 수 있도록 하여 한반도의 독립을 늦출 수도 있었습니다. 즉 미국의 목적은 한반도를 3 : 1 대결 구도로 만들고 미국의 입맛에 맞는 나라가 되었을 때 독립을 시키겠다는 것

반탁 집회

찬탁 집회

이었습니다.

　그러나 당시 일제로부터 광복된 지 5개월도 안 된 우리 민족에게 5년간의 신탁통치를 한다는 보도는 민족적 모욕으로서 큰 충격으로 받아들여졌습니다. 김구의 '대국주의에 대한 새로운 독립운동'이란 성명이 말해주듯이 처음에는 좌익이나 김구의 임정 계열, 이승만 세력 모두의 거센 반대에 부딪혔습니다. 그러나 그로부터 1주일도 채 지나지 않은 1946년 1월 3일, 좌익 진영이 주최한 대중 집회에서는 '신탁통치' 대신 '후견제'라는 용어를 사용하며 찬탁 입장으로 선회하였습니다. 이후 우익은 반탁으로, 좌익은 찬탁으로 구분되어 좌우 대립이 매우 격렬하게 일어나게 되었고 결국 분단이 시작되는 출발점이 되었던 것입니다.

결과적으로 당시 좌파의 찬탁 선회는 잘못된 것이었습니다. 당시 신탁 통치를 거부하는 대세는 사실 거부하기 어려웠습니다. 그런데도 찬탁 운동을 벌여 반탁 운동과 대립함으로써 민족은 좌우로 명백히 구분되었고, 특히 좌파는 소련의 사주를 받는 꼭두각시로 민족을 팔아먹는 매국노들이라는 비난을 받는 계기가 되었던 것입니다. 사실 어느 민족이 해방된 지 얼마안 되어서 '너희들은 나중에 독립시켜줄게'라는 말을 듣고 분노하지 않겠습니까? 당시 분노에 빠져 있던 우리 민족에게 아무리 이성적인 찬탁의 설명도 소용이 없었던 것입니다. 결국 〈동아일보〉의 오보는 단순한 실수가 아니라 우리 민족의 분단과 전쟁과 많은 사람의 희생을 불러온 역사적 범죄였다고 할 수 있는 것입니다. 좌파의 찬탁 선회도 역사적 범죄이지만 〈동아일보〉의 오보 역시 참담한 역사입니다.

3.

들려오는 총소리를 자장가 삼아
꿈길 속에 달려간 내 고향 내 집에는

2004년 개봉된 영화 〈태극기 휘날리며〉에서는 6·25 전쟁이 시작되는 장면을 묘사하면서 북한의 남침으로 남한의 평범한 사람들이 매우 당황하는 모습을 묘사합니다. 거리에는 북한이 불법 남침을 했다는 신문 호외가 뿌려지고, 방송이 울려 퍼지면서 가난하지만 행복하게 살고 있던 사람들에게 전쟁이 가져올 비극의 불안함을 보여줍니다. 가족을 두고 전쟁터로 가게 된 형제는 낙동강 방어선 전투에 나가게 됩니다. 국군은 결사항전으로 낙동강 방어선을 지키고 인천 상륙 작전을 준비할 시간을 벌었던 것이죠.

6·25 전쟁 당시 북한군의 항복을 유도하는 전단지입니다. 서울에 꽂힌 태극기는 유엔군과 국군이 서울을 탈환한 상황을 보여주며, 가위로 선을 자른 모습은 북한군의 주요 보급로가 차단되었음을 표현함으로써 항복을 유도하였습니다.

휴전 협상

　　인천 상륙 작전으로 서울을 탈환하고 한반도의 허리를 장악하자 북한
군의 보급로는 끊겨버렸습니다. 한마디로 북한군은 '독 안에 든 쥐'가 되어버
렸죠. 전세가 한순간에 국군과 유엔군에 매우 유리해진 것입니다. 10월 1일
국군이 38선을 돌파하면서 북진이 시작되었고, 10월 26일에는 압록강까지
진격하였습니다. 통일이 얼마 남지 않은 상황에서 10월 말 북한 전역에서
중국군이 국군과 유엔군을 공격하기 시작합니다. 10월 초부터 중국군 30
만 명이 압록강을 넘어 북한에 들어와 밤에 산을 타고 이동하면서 북한 전
역에 배치되었습니다. 10월 말 배치 완료된 중국군은 곳곳에서 인해전술로
국군과 유엔군을 공격하기 시작합니다. 끊임없이 쳐들어오는 중국군에 밀
린 국군과 유엔군은 흥남철수로 탈출하고, 1·4후퇴(1951)로 다시 서울을 빼
앗깁니다.

　　다시 〈태극기 휘날리며〉로 돌아갑시다. 1.4후퇴 직전 서울로 돌아온
형제는 비극을 맞이하게 됩니다. 형 진태의 연인이었던 영신이 국민보도연
맹원으로 몰려 붙잡혀 가자, 동생 진석이 같이 끌려가게 되고, 이 소식을 들
은 형 진태도 곧 뒤를 따라갑니다. 좌익 학살 현장에 나타난 진태와 진석은
영신을 구하기 위해 노력하지만 결국 연인 영신은 총에 맞아 숨을 거두게

됩니다. 당시 북한군도 민간인 학살을 곳곳에서 벌였지만 국군 역시 많은 민간인을 좌익으로 몰아 죽이는 학살을 벌였습니다. 민간인 학살은 불법적인 전쟁 범죄이고 절대 있어서는 안 되는 일입니다. 결국 국가의 잘못을 인정하여 2008년 정부는 피해자와 유족들에 대해 공식 사과를 하였습니다.

반공포로들 ‘Anti-Russia'와 ‘Anti-Communist' 등의 영어로 팔뚝에 문신을 하여 북한으로 돌아가길 거부하였죠.

경기도 남부 전선에서 재정비한 국군과 유엔군은 다시 1951년 3월 서울을 되찾고 현재 휴전선 근처에서 고지를 뺏고 빼앗기는 지루한 고지전을 벌이기 시작하죠. 2011년 개봉된 영화 〈고지전〉은 1953년 한창 휴전 협상이 마무리되어 가고 있는 판문점의 회담장에서 시작합니다. 1951년 7월 시작된 휴전 협상이 1953년 7월까지 계속된 이유는 크게 2가지입니다. 반공포로 문제와 휴전선 문제였죠.

먼저 반공포로는 북한으로 돌아가길 거부하는 포로들이었습니다. 북한군에는 남한에서 강제 징집된 군인들이 있었습니다. 6·25 전쟁 초반 남한 대부분이 점령되었을 때 많은 젊은이가 북한군으로 끌려갔습니다. 이들은 북한 출신이 아니었기 때문에 북한으로 돌아갈 이유도 없었죠. 또한 북한의 공산주의가 싫어서 남한에 남길 원하는 포로들도 있었습니다. 바로 이들이 반공포로입니다. 그러나 북한은 반공포로를 인정하지 않으려고 했습니다. 그래서 포로의 전원 송환을 주장했습니다. 이러한 입장 차이가 좁혀지지 않으면서 합의가 이루어지지 않았죠.

휴전 협정 조인식 1953년 7월 27일.

휴전 협상이 교착된 또 하나의 이유는 휴전선 설정 문제였습니다. 전쟁 전의 38선으로 돌아가자는 북한의 주장과 현재 상태에서 경계를 정하자는 미국의 입장이 맞섰습니다. 결국 휴전 협정 당시의 경계선으로 정하기로 결정된 이후 양측의 고지전은 더욱 심해졌습니다. 이러한 상황을 이 영화에서도 묘사하였는데, 미군 대표와 북한군 대표가 지도를 두고 계속 다투며 휴전선을 긋는 모습에서 고지전의 상황을 알 수 있습니다.

이 영화의 주인공들은 '악어 중대'라는 군인들입니다. 고지전이 계속되면서 짐을 모두 갖고 후퇴할 필요가 없다고 생각한 군인들은 참호 속에 땅을 판 후 물건들을 숨겨두고 철수합니다. 그러나 다시 고지를 되찾았을 때 묻어둔 상자 속에는 물건들이 없어지고 똥만 가득 담긴 채였죠. 군인들은 다시 고지를 떠날 때 욕을 엄청 쓴 편지를 상자 속에 남겨둡니다. 다시 고지를 되찾자 상자 안에는 술 한 병과 편지 봉투들이 가득 들어 있었습니다. 남한 출신 북한군들이 고향에 있는 가족들에게 편지를 보내달라는 부탁이었죠. 이 상황은 당시 북한군에 끌려간 남한 출신들이 많이 있었다는 것과 고지전의 반복을 섞어 6·25 전쟁의 특수성을 보여주는 장면입니다. 같은 민족 사이의 전쟁이었기에 나타난 반공포로 문제, 북한군에 끌려간 남한 출신들의 비극을 고지전이라는 소통의 루트로 드러낸 것이죠.

이 영화의 끝은 1953년 7월 27일 휴전 협정이 맺어진 날의 묘사입니다. 아침 10시 휴전 협정이 맺어지고 간부들에게 발표됩니다. 모두가 기쁨의 안도감에 빠져 있죠. 그러나 곧 휴전 협정의 부칙이 발표됩니다. 휴전 협정의 발효 시간은 밤 10시부터입니다. 그리고 한 치의 땅이라도 더 차지하기 위한 마지막 고지전이 시작됩니다. 모두가 이제 살았다고 생각한 날에 죽어가는 군인들의 모습에서 전쟁의 비극적 참상을 느낄 수 있습니다. 특히 전투 전의 고요 속에 남한군과 북한군이 〈전선야곡〉(유호 작사/ 박시춘 작곡/ 노래 신세영)을 함께 부르는 장면은 비극적 상황을 극대화하는 명장면이라고 할 수 있습니다. 다음은 〈전선야곡〉의 노래 가사입니다.

가랑잎이 휘날리는 전선의 달밤/소리 없이 내리는 이슬도 차가운데/단잠을 못 이루고 돌아눕는 귓가에/장부의 길 일러주신 어머님의 목소리/아 그 목소리 그리워 들려오는 총소리를 자장가 삼아/꿈길 속에 달려간 내 고향 내 집에는/정한수 떠 놓고서 이 아들의 공 비는/어머님의 흰머리가 눈부시어 울었소/아 쓸어안고 싶었소.

당시 북한군도 남한 노래를 배워 부르는 경우가 있었다고 하니 어쩌면 매우 현실적이고도 슬픈 상황이라고 할 수 있습니다. 특히 남한 출신으로 북한군이 된 사람들이 남한 고향 가족에게 편지를 전하려고 참호 속 지하 상자를 통해 술과 편지를 전한다는 영화 속 이야기와 연결되는 상황이죠. 그러나 실제 휴전 협정일에는 고지전과 같은 전투는 없었습니다. 북한군에게 마지막 타격을 가하기 위한 포격, 공중 폭격, 함포 사격만이 가해졌고, 보병을 동원한 전투는 그 전날이 마지막이었다고 합니다.

거제도 포로수용소. 베르너 비숍 촬영.

위 사진은 2018년 개봉한 영화 〈스윙키즈〉의 모티브가 된 사진입니다. 스위스 사진작가 겸 종군기자 베르너 비숍(Werner Bischof)이 촬영한 여러 사진 중의 하나입니다. 이 사진의 멀리 보이는 부분에는 거제도 포로수용소의 막사들이 보이고, 하얀색 자유의 여신상도 보입니다. 그리고 그 앞에서 얼굴을 가면으로 가리고 포크댄스를 추는 사람들이 있습니다. 그렇다면 춤을 추는 사람들은 왜 가면을 쓰고 있었을까요? 그 이유는 춤을 춘 주인공들이 반공포로들이었기 때문입니다. 친공포로들에게 얼굴이 알려지면 신변의 위협을 받을 수 있었기 때문에 얼굴을 가면으로 가린 것으로 추정됩니다.

당시 거제도 포로수용소는 친공포로와 반공포로들로 나뉘어 있었습니다. 이 영화에서 묘사한 거제도 포로수용소에는 중간 통로가 있는 철조망으로 갈라진 반공포로 공간과 친공포로 공간이 있습니다. 이것은 현재 남북한이 갈라져 있는 모습과도 같습니다. 중간 통로는 비무장지대와 같고, 반공포로 공간은 남한, 친공포로 공간은 북한을 상징하는 것이죠. 특히 친공포로 공간에서는 항상 군사훈련을 하는 모습이 나오는데, 심지어는 반공포로 공간에 침입하여 그들을 죽이는 장면들도 묘사됩니다. 이 또한 북한이 남침하여 6·25 전쟁을 일으켰음을 상징적으로 보여주는 것이죠.

거제도 포로수용소 복원 모형

　또한 친공포로가 포로수용소장을 총으로 공격하는 장면도 묘사되었는데, 실제로 1952년 5월 7일 친공포로들이 폭동을 일으켜 반공포로들을 공격하고, 당시 포로수용소장이었던 도드 준장을 납치한 사건이 일어났습니다. 새로 임명된 보트너 준장은 6월 10일 도드 준장을 구출하고 친공포로들을 진압하면서 사건을 정리하였습니다.

　드디어 1953년 6월 휴전 협상에서 포로 송환 문제의 합의가 이루어졌습니다. 포로 송환 절차는 가장 먼저 자국 송환을 원하는 포로들을 송환하는 것이었습니다. 이후 송환을 거부하는 포로들은 양측 대표단이 상대측 포로수용소를 방문해 자국 송환을 권유하여 다시 송환하는 것이었죠. 끝까지 송환을 거부한 포로들은 다시 중립국으로 이송한 다음 그곳에서 자국 송환을 권유한 후 포로 개개인의 의사를 수용하여 다시 자국 송환과 거부를 선택하도록 하였습니다. 이를 보여주는 내용이 작가 최인훈의 소설 『광장』에 다음과 같이 묘사되어 있습니다.

"동무는 어느 쪽으로 가겠소?"
"중립국."
그들은 서로 쳐다본다. 앉으라고 하던 장교가, 윗몸을 테이블 위로 바싹 내

밀면서, 말한다.

"동무, 중립국도, 마찬가지 자본주의 나라요. 굶주림과 범죄가 우글대는 낯선 곳에 가서 어쩌자는 거요?"

"중립국."

"다시 한번 생각하시오. 돌이킬 수 없는 중대한 결정이란 말요. 자랑스러운 권리를 왜 포기하는 거요?"

"중립국."

이러한 포로 송환 결정에 이승만은 반대하였습니다. 이미 반공포로들은 자국 송환을 거부하였기 때문에 만약 자국 송환으로 마음을 바꾸어 북한으로 돌아간다면 처형당할 것이 분명하다는 것이었죠. 그래서 이승만은 반공포로 석방이란 결단을 내립니다. 그러나 당시 포로수용소는 UN군이 맡고 있었기 때문에 이승만이 석방을 명령할 수가 없었습니다. 그래서 한국군은 1953년 6월 18일 자정에 기습적으로 포로수용소의 반공포로들 26,900여 명을 탈출시켰습니다. 이 과정에서 UN군의 사격으로 61명의 반공포로가 사망하였고, 8,200여 명은 탈출에 실패하였습니다.

그러나 당시 거제도 포로수용소에서는 반공포로 석방이 없었습니다. 그 이유는 친공포로들과 반공포로들 사이의 갈등이 점점 커지면서 반공포로들을 육지의 여러 수용소로 분산 수용한 상태였기 때문에 1953년 6월 거제도 포로수용소에는 친공포로들만 남아 있었습니다. 한편, 육지 수용소에서 탈출하지 못한 반공포로들은 비무장지대로 이동하여 중립국인 인도군 관할 아래에서 북한 측의 설득 작업을 다시 받았습니다. 일부가 다시 설득되어 북한으로 돌아갔고, 포로들 대다수는 결국 석방되어 자유인이 되었습니다.

그런데 끝까지 중립국으로 가겠다고 선택한 사람들이 있었는데, 74명이 일단 인도로 이동하였고, 이 중 일부가 다시 남미로 이주하였다고 합니다. 이와 관련하여 영화 〈공동경비구역 JSA〉에서 사건을 수사하는 중립국감시위원회 소피 소령은 스위스 출신인데, 중립국을 스위스로 선택한 포로였던 아버지와 스위스인 어머니 사이에 태어난 혼혈인으로 묘사되었습니다. 실제로는 인도인이나 남미인이었어야 하는데, 옥에 티였다고 할 수 있습니다.

4.

근데 내 진짜 힘들었거든예

영화 〈국제시장〉은 흥남 철 수로 시작합니다. 많은 북한 주민 이 흥남 부두에 몰려들었고, 미 군이 동원한 군함과 배들은 미군 과 무기들을 싣고 떠날 준비를 하 고 있었습니다. 한국인 고문관은 미국인 선장에게 피난민들을 배

흥남부두에 몰려든 군인과 북한 주민들

에 태워달라고 애원합니다. 선장의 결단으로 무기를 버리고 피난민들은 서 둘러 배에 올라탑니다. 그리고 이 과정에서 어린 주인공 '덕수'는 업고 있던 여동생 '막순이'를 잃어버립니다. 아버지는 막순이를 찾아 다시 배에서 내리 는데, 이때 아버지는 장남인 덕수에게 "이제부턴 네가 가장이니 가족들 잘 지키라"는 당부를 남기고 떠납니다. 이렇게 이산가족이 생기고, 전쟁고아가 나타났음을 보여줍니다.

흥남 철수 작전은 1950년 12월 15일에서 24일까지 진행되었는데, 중공 군의 6·25 전쟁 개입으로 북한에 고립된 미군과 한국군을 탈출시키기 위한

메러디스 빅토리호

흥남 철수 직후 흥남부두 폭파 장면

것이었습니다. 동원할 수 있는 모든 배를 흥남 부두에 보내 철수하는 과정에서 많은 북한 주민이 배에 태워달라고 몰려들자, 한국인 고문관 현봉학은 철수 작전 책임자인 에드워드 알몬드 10군단장에게 애원합니다. 이때, 메러디스 빅토리호의 레너드 라루 선장이 결단하여 이미 실었던 모든 무기를 버리고 피난민 14,000여 명을 태우고 탈출하죠. 이 작전을 배경으로 만들어진 노래가 바로 〈굳세어라 금순아〉(작사 강사랑/ 작곡 박시춘/ 노래 현인)입니다. 이 영화의 주인공인 늙은 덕수의 애창곡이죠. 흥남 철수 때 헤어진 여동생 막순이와 '국제시장 장사치기'인 자신을 떠올리는 노래이기 때문입니다.

실향민이 된 덕수의 가족은 부산에 정착하여 살게 됩니다. 그리고 다시 시간이 흘러 청년이 된 덕수는 남동생이 서울대에 합격하자 파독 광부 모집에 지원하여 독일로 떠납니다. 독일에서 광부로 일하던 '덕수'는 파독 간호사로 일하던 '영자'를 만나 연인이 되고 한국으로 돌아와 결혼합니다. 특히 광산이 무너지는 사고로 갇힌 한국인 광부들을 구해달라고 독일인들에게 애원하는 영자의 모습은 동포애를 느낄 수 있는 감동적인 장면이었습니다. 실제로도 이러한 사고는 있었다고 할 수 있습니다. 파독 광부 중 사고로 사망한 사람만 27명이었고 그 외에도 총 65명이 사망하였다고 합니다. 당시 독일에서 가장 인력이 필요한 직업이 광부와 간호사였기 때문에 파독 광부와 파독 간호사들은 독일에서 한인 사회를 이루고 실제로 결혼하여 독일에 정착하는 사례도 많았습니다. 또한 파독 광부와 간호사들은 임금 중 상당수를 가족에게 송금하였는데, 당시 그 금액이 경제 규모의 상당수를 차지하는 등 우리나라 경제 발전에 큰 도움을 주었다고 할 수 있습니다.

실제로 1961년 8월 광부와 간호사 등 3년간의 노동력을 서독에 파견하고, 이들의 노임을 담보로 서독은행에서 지급보증을 맡도록 한다는 상업차관계약이 이루어졌습니다. 협상 결과 정부는 발 빠르게 상업차관계약을 담보할 노동력을 파견하기 위한 응시자 모집(광부 5천 명 모집에 응시자 4만 명, 간호사 2천 명 모집에 2만여 명 지원)을 시작하였고, 결국 이때 선발된 사람들이 독일 이민 1세대가 되었습니다. 즉 이들은 한국이 처음 상업차관으로 도입한 1억 5천만 마르크에 대한 담보였던 것입니다. 1962년 드디어 5천 명의 광부들과 2천 명의 간호사들이 독일에 가게 되었습니다. 한달 보수로 400마르크에서 700마르크를 받던 한국인 노동자들은 돈을 더벌기 위하여 시간 외 근무를 자청하였습니다. 이들은 이런 와중에도 독일사회에 적응하기 위하여 틈틈이 독일어 공부, 각종 기술 익히기에 여가 시간까지 투자하였고 결국은 독일에 성공적으로 정착하여 교포 사회를 이루었던 것이죠.

시간은 다시 흘러 덕수는 막내 여동생의 혼수 자금 마련을 위해 이번에는 전쟁이 한창인 베트남으로 떠나 일을 하게 됩니다. 당시 우리나라가 베트남 전쟁에 참전한 주요 이유는 경제적인 것이었습니다. 한국과 미국이 맺은 〈브라운 각서〉에 의해 한국 기업들이 월남에 진출할 수 있도록 도움을 주는 등 경제적 이익 제공을 약속받았던 것이죠. 이러한 상황 속에 많은 한국인이 베트남에 진출하였습니다. 그러나 전쟁을 수행하는 군인이 아니라기술자로 돈을 벌러 갔던 것이기에 안심했던 덕수는 자신이 잘못 왔음을 깨닫습니다. 후방의 한 평범한 도시에서 일어난 폭탄 테러로 죽을 위기를 겪게 된 것이죠. 당시 베트남 전쟁은 남쪽 월남과 북쪽 월맹의 전쟁이었는데,

월맹을 지지하는 월남의 공산주의자들인 베트콩들이 후방 곳곳에서 폭탄 공격을 하거나 정글 속에서 게릴라 공격을 하는 경우가 많았죠. 어느 날 정글을 지나던 덕수는 베트콩들의 공격을 받게 되는데, 이때 구해준 사람들이 바로 가수 '남진'이 분대장인 해병대원들입니다. 이 경험으로 덕수는 평생 "가수는 무조건 남진!"이라고 말하게 되죠. 실제로도 당시 남진은 최고의 스타가수였는데, 1968년 해병대 청룡부대에 입대하여 1969년 7월 베트남으로 2년간 파병되었다고 하니 실화라고도 할 수 있겠습니다.

다시 시간은 흘러 1983년 이산가족 찾기 생방송이 시작됩니다. 그리고 미국 로스앤젤레스에 사는 막순이와 덕수의 생방송 대화가 이루어집니다. 전쟁고아가 된 막순이는 미국으로 입양되어 살아왔던 것입니다. 막순이는 오빠가 했던 한국말을 기억하고, 자신이 헤어질 때 입었던 한복을 간직하고 있었습니다. 덕수는 막순이의 찢어진 옷소매를 간직하고 있었고, 귀 뒤의 사마귀를 기억하고 있었죠. 이 생방송 대화는 이 영화의 가장 슬프고도 눈물이 쏟아지는 명장면인데, 이산가족의 슬픔을 함께 느끼게 하여 남북한 사이에 이산가족 상봉의 자유가 이루어질 수 있기를 바라게 만드는 영화라고 할 수 있습니다.

이 영화에서 늙은 덕수는 아버지의 사진을 보며 "아버지, 내 약속 잘 지켰지예. 막순이도 찾았고. 이만하면 내 잘 살았지예. 근데 내 진짜 힘들었거든예"라고 말합니다. 이 영화는 한국 현대사의 슬픔을 가슴으로 느끼게 해주었습니다. 6·25 전쟁 후 순탄치 못했던, 너무나 힘들었던 우리네 삶을 뒤돌아보며 너무 힘들었지만 우리가 잘 극복해 왔음을 이 영화는 "근데 내 진짜 힘들었거든예"라는 대사로 말해줍니다.

5.

4·19 혁명으로 태어난 민주주의와
군사정권의 고문으로 파괴된 민주주의

역사 동아리 답사 계획서

○ 답사 주제 : 4·19 혁명은 어떻게 시작되었을까?
○ 답사 경로
　　❶ 3·15 의거 기념탑 → ❷ 무학초등학교 총격 담장
　　→ ❸ 마산 의료원 → ❹ 김주열 열사 시신 인양지

1960년 3월 15일 당시 마산의 고등학생들과 시민들이 주도하여 부정 선거에 맞서 시위를 벌이는 과정에서 9명이 사망하고, 80여 명이 부상당했습니다. 이날 마산상고 학생 김주열이 실종되었는데, 4월 11일 마산 앞바다에서 눈에 최루탄이 박힌 참혹한 시신으로 떠올라 발견되었습니다.

2004년 개봉된 영화 〈효자동 이발사〉는 4·19 혁명부터 전두환 정부까지의 현대사를 청와대(옛 경무대)가 있는 효자동에서 이발관을 운영하던 '대통령의 이발사 성한모'의 가족 이야기로 풀어낸 영화입니다. 이 영화의 내레이션은 한 어린아이의 목소리인데 생일이 4월 19일입니다. 먼저 1960년 3월 15일 전날 밤 통장 아저씨를 중심으로 효자동 주민들은 부통령에 이기붕을 당선시켜야 한다는 이야기를 나눕니다. 그리고 선거일인 3월 15일 주인공 한모가 투표를 하는데 동네 주민 2명이 한모의 투표용지를 보고 투표를 잘못했다고 이기붕을 찍은 것으로 바꾸도록 합니다. 실제로 3·15 부정 선거에서 이루어진 3인조, 9인조 공개 투표를 묘사한 것이죠. 그날 밤 한모는 개표에도 참여했는데, 통장과 부정 개표에도 함께합니다. 장면 후보를 찍은 투표용지들을 빼돌려 땅을 파서 묻어버리기도 하죠.

다시 한 달 후 자신이 태어난 상황을 설명하는 장면에서 4·19 혁명 당시의 모습이 묘사됩니다. 만삭의 아내를 리어카에 태워 병원으로 이동하던 한모는 시위하던 학생들 사이에 휩쓸리게 됩니다. 경무대 앞을 지키던 경찰들은 시위대를 향해 총을 쏘기 시작하고 그 와중에 리어카에는 만삭의 아내뿐만 아니라 피 흘리는 학생들까지 실려 있게 됩니다. 그리고 아이는 리어카 안에서 태어납니다. 이것은 내레이션 하는 아이가 '민주주의'를 상징하는 아이라는 것을 보여줍니다. 우리나라의 '민주주의'는 4·19 혁명 과정에서 희생된 학생들의 피 흘림 속에 태어났다는 상징입니다. 이어지는 장면에서는 갓난아기를 안고 좋아하는 부모와 축하하러 온 동네 주민들 사이로 라디오 소리가 들립니다. 이승만 대통령의 하야 성명이었습니다. 이후 이승만은 국민에 대한 사과 한마디 없이 미국 하와이로 망명합니다.

다시 시간은 1년이 흘러 아이가 아장아장 걷는 장면이 이어집니다. 그리고 밖에는 갑자기 탱크 소리가 들립니다. 아이를 안고 밖에 나온 한모에게 탱크에서 나온 군인은 "청와대가 어디야?"라고 묻습니다. 그리고 그 탱크

4·19 혁명 발포 장면 1960년 4월 19일, 경찰들이 시민들에게 발포하는 장면입니다.

대학교수단 시위 1960년 4월 25일, 대학교수단은 이승만의 하야를 요구하는 시국선언을 발표하고 시위에 나섰습니다.

는 청와대를 향해 이동합니다. 그리고 자막에는 '1961년 5월 16일'이 나오고 내레이션으로 '군인들이 청와대를 차지하자 최씨 아저씨는 차라리 잘 됐다고 생각하셨죠'라고 하여 5·16 군사정변이 일어났음을 묘사합니다.

우연한 기회에 대통령의 전속 이발사가 된 한모는 효자동 주민들에게 '성실장'이라고 불리면서 지역 유지가 됩니다. 그러나 1968년 1·21 사태가 발생합니다. 북한 무장공비들이 청와대를 습격하기 위해 침투한 사건입니다. 그런데 이 영화에서는 무장공비들이 설사병에 걸려 한 명씩 낙오하면서 결국 국군에게 발각되어 침투가 실패하는 장면이 나옵니다. 그래서 이 설사병을 마루구스병(공산주의를 창시한 칼 마르크스의 이름을 떠올리게 하죠)이라고 하여 설사를 하는 사람들은 모두 잡혀가는 코미디 같은 상황이 벌어집니다. 이 과정에서 한모는 설사하는 아들 낙안이를 경찰서에 데리고 갑니다. 다시 중앙정보부로 끌려간 낙안이는 전기 고문을 받다가 풀려나지만 서지도 걷지도 못하는 장애를 갖게 됩니다. 통장이었던 최씨 아저씨를 비롯한 많은 효자동 주민들은 이른바 '고스톱 간첩단 사건'의 간첩으로 조작되어 사형당하고 화장되어 시신도 없이 유골함으로 가족들에게 돌아오게 됩니다.

이것은 '민주주의'를 상징하는 낙안이가 장애를 갖게 된 것으로 '민주주의가 파괴'되었음을 상징적으로 보여줍니다. 실제로 1974년 일어난 제2차

인혁당 사건으로 많은 재야인사들이 간첩으로 조작되어 1975년 재판에서 사형선고를 받은 8명은 선고일 다음 날 선고 후 18시간 만에 사형이 집행되었습니다. 또한 시신은 즉시 화장하여 유골함으로 전달되었는데, 이는 시신에 남은 고문의 흔적을 증거 인멸하기 위함이었다고 합니다. 그야말로 민주주의는 파괴된 것이었습니다.

다시 시간은 흘러 중앙정보부장과 경호실장의 갈등 상황을 보여준 후 박정희 대통령이 사망하여 10·26 사태가 일어났음을 알 수 있습니다. 청와대의 새 주인이 된 새 대통령의 이발을 하러 불려 간 한모는 머리를 한참 보다가 "각하, 머리가 자라면 다시 오겠습니다"라는 말을 합니다. 대통령이 한모를 노려본 다음 장면은 새벽에 자루에 싸여 검은 차에서 짐짝처럼 버려지는 한모의 모습입니다. 자루를 풀어 헤치고 나온 한모는 흠씬 두들겨 맞은 얼굴이지만 새벽하늘을 보며 웃습니다. 그 후 시간은 다시 흘러 어른이 된 낙안이는 아버지 한모와 자전거를 타며 영화를 끝맺습니다.

낙안이의 다리가 나아 다시 걸을 수 있게 된 것은 민주주의가 되살아났음을 보여줍니다. 한모는 대통령의 이발사로 살아오면서 아들이 고문당하고, 동네 주민들이 간첩으로 몰려 죽어도 제대로 저항 한 번 못 해본 사람입니다. 그러나 쿠데타로 청와대의 새로운 주인이 된 대통령에게는 '임금님 귀는 당나귀 귀'처럼 "각하, 머리가 자라면 다시 오겠습니다"라는 말로 저항을 하였고, 그 결과 끌려가 두들겨 맞았을지언정 속은 후련해지죠. 이러한 저항은 전두환 정부 시기에 계속되었고, 드디어 1987년 6월 항쟁이 일어나 민주주의는 되살아났던 것입니다.

6.

우린 폭도가 아니야!

2007년 개봉된 영화 〈화려한 휴가〉는 공수부대가 탄 비행기가 남쪽으로 날아가는 장면으로 시작됩니다. 공수부대는 낙하산 등으로 적의 후방에 침투하여 전투를 수행하는 특수 부대라고 할 수 있습니다. 한마디로 북한 곳곳에 침투할 목적으로 훈련하던 부대들입니다. 그런데 이러한 부대가 북쪽이 아닌 남쪽으로 투입되었던 것이죠.

이 공수부대는 1980년 5월 18일 전남대학교 앞에 나타납니다. 전남대학교 학생들은 전날 있었던 5·17 비상계엄 확대 조치에 맞서 비상계엄 즉각 해제를 요구하며 전국에서 유일하게 시위를 시작합니다. 그러나 전남대학교 앞을 지키던 공수부대는 대학생들과 선량한 시민들에게 몽둥이를 휘두르며 잔인한 진압을 시작하죠. 이 영화에서도 묘사된 것과 같이 광주 시민들은 이러한 폭력 진압에 큰 충격을 받습니다. 5월 19일까지 이어진 폭력 진압으로 2명의 사망자가 발생합니다.

2017년 개봉된 영화 〈택시 운전사〉의 주인공 독일 기자의 실제 인물인 위르겐 힌츠페터는 광주에서의 소식을 듣고 5월 20일 택시 운전사 김사복의 택시를 타고 광주로 들어가 취재를 시작합니다. 이 영화의 진짜 주인

5·18 직전 전남대학교 시위 1980년 5월 15일, 광주 전남대학교에서 전남대학교 학생들이 비상계엄 즉각 해제를 요구하며 시위를 하였습니다.

공은 사실 실제 택시 운전사였던 김사복입니다. 광주로 들어온 힌츠페터는 공수부대의 폭력 진압이 일어나고 있는 상황을 촬영하며 역사를 기록하였습니다. 그리고 김사복은 광주에 살고 있지 않았던 한국인을 상징합니다. 힌츠페터 등 외신 기자들의 보도로 전 세계가 알고 있던 광주의 진실을 한국인 대다수는 모르고 있었습니다. 그러나 힌츠페터와 함께 광주를 다녀온 김사복은 드디어 진실을 알게 되고 슬픔의 눈물을 흘립니다. 힌츠페터의 영상 등 외신 보도 영상들이 1980년대 국내로 몰래 들어와 대학생들이 보게 되면서 광주의 진실을 알게 되고 분노하며 슬퍼했던 것처럼 말입니다. 다음은 당시 〈택시 운전사〉의 실제 주인공 김사복의 아들 김승필 씨가 언론과 인터뷰한 기사의 일부입니다.

하룻밤 만에 다녀오셨는데 아버지가 평소 되게 젠틀하신 분이다. 차에 기스(흠집)를 내는 분도 아니고. 근데 그날은 차가 찌그러져 있고, 아버지 신발도 남루해져 있고, 평소 모습이 아니었다. 그래서 제 동생이 왜 이런지 물었는데 아버지가 너무 충격받은 모습인 거야. 그땐.아무 말씀 없이 그

냥 뒷좌석에 과자가 있으니 가져다 먹어라, 그게 〈택시 운전사〉에 나온 것과 똑같은 과자야. 그래서 내가 제작사에 가자마자 물었다. 어떻게 알고 그걸 고증했냐고. 근데 제작사는 힌츠페터 기자가 과자 통에 필름을 숨긴 건 고증한 거고 김사복에게 과자를 주는 건 상상해서 했다더라. 어쨌든 결과적으로 맞는 거지. 그리고 씻고 들어오셔서 제게 얘기한 게 광주 이야기였다. 그날은 막 흥분하셔서 분통을 터뜨리고 그러셨다. 같은 민족끼리 어떻게 죽일 수 있냐며. 어떻게 총에 칼을 꽂아 찌르고, 총으로 쏘고 그럴 수 있냐면서 말이다. 광주 이야기를 하루 만에 다 하신 건 아니고 그 후로 종종 말씀해 주시곤 하셨다. 그 후 며칠 뒤였나? 아버지를 따라서 외국 언론사에 간 적이 있다. 독일 언론사의 한국지사였나. 거기서 피터 아저씨가 찍은 영상을 봤다. 거기 독일 기자, 일본 기자 분들이 계셨다. 영상을 본 후 독일 기자들과 조선 호텔에서 정치 얘길 한 게 기억난다. 그러다가 그 양반들이 호텔에 도청장치가 있을지 모르니 조심하라고 한 것도 기억난다.

_〈오마이뉴스〉 2017년 8월 24일자 기사 "〈택시 운전사〉 김사복은 내 아버지…사진 공개합니다." 중

고 위르겐 힌츠페터 기자와 동행한 고 김사복 씨 김사복 씨의 아들 김승필 씨가 언론에 공개한 사진으로, 힌츠페터 기자의 부인 에델트라우트 브람슈테트 씨는 이 사진의 인물이 '남편이 맞다'라고 확인하여 김사복이 힌츠페터 기자와 동행한 택시 운전사였음이 확인되었습니다.

김사복 씨의 아들 김승필 씨의 증언에 따르면 광주에서 진실을 직접 본 택시 운전사는 "같은 민족끼리 어떻게 죽일 수 있냐며. 어떻게 총에 칼을 꽂아 찌르고, 총으로 쏘고 그럴 수 있냐"라고 말하며 분통을 터트렸습니다. 광주 이외 지역에 살고 있던 한국인들이 광주의 진실을 알았다면 분명히 김사복 씨와 같은 생각을 했을 것입니다. 그렇다면 왜 당시 대다수 한국인들은 이러한 진실을 몰랐던 것일까요?

차량 시위 계엄군의 과잉 진압에 항의하기 위하여 1980년 5월 20일 버스, 택시 등 많은 차량이 전조등을 켜고 시위하였습니다.

다시 〈택시 운전사〉의 이야기로 돌아갑시다. 광주에 들어간 독일 기자 일행은 텔레비전 속 뉴스를 전하는 앵커가 "광주가 폭도들에게 점령되었다"라고 보도하는 장면을 봅니다. 일행 중 한 명인 광주에 사는 한 택시 운전사 태술은 신경질을 내며 바로 텔레비전을 끕니다. 일행은 곧 "시민들과 택시들이 방송국으로 몰려가고 있다"라는 소식을 듣게 됩니다. 이 장면은 1980년 5월 20일에 벌어진 광주MBC 화재를 묘사한 것이죠. 광주의 진실이 보도되지 않자 분노한 광주 시민들이 광주MBC로 몰려가 이 사건이 벌어졌다는 것을 암시합니다.

이번엔 〈화려한 휴가〉로 돌아갑니다. 5월 21일 전남도청 앞으로 몰려 간 광주 시민들은 공수부대에 맞서 시위를 계속 벌였습니다. 그런데 애국가 가 울려 퍼지기 시작하고 시민들은 가슴에 손을 얹고 애국가를 따라 부르 기 시작합니다. 그러나 공수부대는 시민들에게 총을 겨누고 발포하죠. 놀란 시민들은 도망치기에 바쁘고, 총을 맞은 시민들이 곳곳에 쓰러지기 시작합 니다. 이 영화의 남자 주인공의 동생 역시 총에 맞아 사망합니다. 가족, 친 구를 잃고 분노한 시민들은 예비군 무기고를 습격하여 총을 탈취하고 무장 하기 시작합니다. 광주 곳곳에서는 시민군과 공수부대 사이에 교전이 벌어 지고 공수부대는 광주 외곽으로 철수하여 광주를 봉쇄합니다.

이번엔 〈택시 운전사〉의 봉쇄 탈출 장면으로 갑니다. 광주의 진실을 기록한 필름을 갖고 택시 운전사와 독일 기자는 봉쇄된 광주를 떠나는 길 에 검문을 받게 됩니다. 검문 과정에서 카메라 가방이 발견되었지만 검문 조장인 박 중사는 트렁크를 조용히 닫으며, 통과시키라는 명령을 내립니다. 박 중사는 "기자도 아니고 서울 택시도 아닌데 뭐 어쩌게?"라고 말하며 그 냥 보낼 것을 지시하죠. 이 장면은 실제 인물이었던 힌츠페터 기자가 증언 한 내용을 바탕으로 묘사된 장면입니다. 비록 군인이었지만 진실을 밝힐 수 있도록 도와준 양심적인 군인들도 있었음을 보여주고 있습니다.

광주에서 탈출한 택시 운전사와 독일 기자는 공항에 도착하여 택시 안 에서 과자 깡통 속에 있던 과자를 비우고 필름을 숨깁니다. 이 장면 역시 힌 츠페터 기자의 증언으로 묘사된 장면이었는데, 김사복의 아들 김승필 씨의 증언에 따르면 "그냥 뒷좌석에 과자가 있으니 가져다 먹어라. 했던 그게 〈택 시 운전사〉에 나온 것과 똑같은 과자야"라고 하여 사실이었음을 알 수 있 습니다. 실제로 힌츠페터 기자는 22일 아침 비행기를 타고 일본 나리타 공 항에 도착하여 필름을 독일로 보내고, 이 필름은 22일 저녁 8시 독일 ARD 방송국을 통해 보도되기 시작하였고, 다시 전 세계에 보도되었습니다.

전남도청 앞 광장 집회 1980년 5월 23일 광주 시민들은 전남도청 앞 광장에서 "비상계엄 철폐", "학살 원흉 처단" 등을 요구하며 집회 시위를 벌였습니다.

다시 〈화려한 휴가〉로 돌아갑시다. 5월 27일 새벽 전남도청 진압 작전을 앞두고 전남도청을 지키기 위해 남은 시민군들의 여러 모습이 묘사됩니다. 그리고 시민군의 방송을 맡았던 여자 주인공은 스피커 방송차를 타고 다음과 같은 방송을 합니다.

광주 시민 여러분, 지금 시내로 계엄군이 쳐들어오고 있습니다. 사랑하는 우리의 형제자매들이 계엄군의 총칼에 죽어가고 있습니다. 우리 모두 일어나서 계엄군과 끝까지 싸웁시다. 우리는 최후까지 싸울 겁니다. 우리는 광주를 지키고야 말 것입니다. 사랑하는 광주 시민 여러분, 우리를 잊지 말아 주세요. 우리를 기억해 주세요. 제발 우리를 잊지 말아 주세요.

다음은 당시 실제 전남도청 진압 작전 직전에 마지막 가두방송을 했던 박영순 씨가 5·18 민주화운동 기념식에서 다시 읽은 방송 원고입니다.

광주 시민 여러분, 지금 계엄군이 쳐들어오고 있습니다. 모두 도청으로 나오셔서 계엄군의 총칼에 죽어가고 있는 학생 시민들을 살려주십시오. 우리 형제자매들을 잊지 말아 주십시오. 우리는 도청을 끝까지 사수할 것입니다. _2019년 5월 18일 제39주년 5·18 민주화 운동 기념식 박영순 씨 육성 연설 중

1980년 5월 27일 새벽 4시 전남도청을 탱크까지 동원하여 포위한 공수부대는 진압 작전을 시작합니다. 〈화려한 휴가〉에서도 묘사된 바와 같이 결과는 학살이었습니다. 다음은 남자 주인공이 도청을 빠져나가다 진압군에게 발각되어 진압군의 사격 준비 앞에서 나눈 마지막 대화입니다.

공수부대 지휘관 : 마지막 경고다. 폭도는 지금 당장 총을 버려!
남자 주인공 : 아니야 … 우린 … 우린 … 폭도가 아니야! 이 XXX들아!

이 마지막 장면은 당시 광주 시민들이 왜 목숨을 아끼지 않고 계엄군에 맞서 싸웠는지를 보여줍니다. 지금은 '5·18 민주화 운동'이 공식 명칭이 되었지만 1980년대 전두환 정부 시기에는 이른바 '광주 사태'라는 용어를 사용하였고, 계엄군에 맞서 싸운 시민군들은 '폭도'라고 불렸습니다. 즉 정당한 정부의 공권력에 맞서 광주 시민들이 일으킨 '폭동'이라는 의미입니다. 그래서 남자 주인공은 자신들을 폭도라고 부르는 것에 분노했던 것입니다. 불법적인 군사 쿠데타인 12·12 사태로 권력을 잡은 신군부의 5·17 비상계엄 확대 조치에 저항한 것은 정당한 시민들의 권리입니다. 게다가 공수부대를 동원한 폭력 진압으로 사망자까지 발생하고, 계엄군의 발포로 대규모 사상자가 발생하자 광주 시민들은 무장하고 시민군을 조직하여 계엄군과 맞서 싸웠습니다. 불법적인 권력 탈취는 총을 든 강도와 같습니다. 강도의 총을 빼앗아 강도와 격투를 벌인 시민은 '용감한 시민'입니다. 불법적인 권

력자에게 맞서 싸우는 것은 정당한 저항권 행사입니다. 그래서 '5·18 민주
화 운동'이라는 명칭은 광주 시민들의 명예를 회복한 역사적 승리의 증거인
것입니다.

7.

마음이 너무 아파서

박종철 추모제 1987년 1월 20일 서울대학교에서 고 박종철을 애도하고 전두환 정권에 항의하는 추모제가 열렸습니다.

2017년 개봉된 영화 <1987>의 첫 이야기는 박종철 고문치사 사건으로 시작됩니다. 1987년 1월 14일 남영동 대공 분실로 구급차가 도착합니다. 그러나 경찰들에 의해 심폐소생술을 받고 있던 박종철은 이미 사망한 상태였죠. 사망 보고를 받은 박처장은 시신을 화장하여 은폐할 것을 명령합니다. 그러나 화장 진행을 위한 서류에는 담당 검사의 도장이 필요했습니다. 최검사는 이를 거부하고 후배 검사를 통해 이 사건을 언론에 흘립니다.

당시 서울대학교 학생이었던 박종철이 경찰의 조사를 받다가 의문의 사망을 했다는 〈중앙일보〉의 보도가 나가자 치안본부장의 기자회견이 열렸습니다. 박종철이 어떻게 사망했는가에 대한 질문이 나오자 치안본부장은 말을 하지 못하고, 옆에 있던 박 처장이 "책상을 탁 치니 억하고 죽었다"고 대답합니다. 실제로는 강민창 치안본부장이 "억 소리를 지르며 죽었다"고 발표하자 박처원 치안감이 "책상을 탁 치니 억하고 죽었다"라고 덧붙여 설명하였습니다. 그러나 이 말은 신문 기사로 실리면서 당시 국민의 분노에 불을 붙였습니다. 젊은 대학생이 책상을 치는 것에 놀라 심장마비로 죽었다는 허무맹랑한 막장 소설을 믿을 사람은 아무도 없었던 것이죠.

그러나 앞의 기자회견에서 치안본부장은 박종철 사망 당시 구급차로 왔던 의사의 이름을 말하는 실수를 합니다. 기자들이 중앙대학교 용산병원으로 몰려가 오연상 의사에게 당시 상황을 묻자 그는 다음과 같은 대답을 합니다.

> 직접 본 것은 아니기에 '물고문이 있었다'고 확언할 순 없었지만 심증이 강하게 드는 상황에서 어떻게 말할지 많이 고민했죠. 일부러 물에 대한 얘기를 많이 꺼냈어요. 한 대여섯 번 했을 거예요. '바닥에 물이 흥건했고, 박종철 군의 온몸이 물에 젖어 있었고, 폐에서 수포 소리가 들렸다'고요. 모두 제가 본 사실 그대로였어요. _〈중대신문〉 2016년 5월 23일자 중

누가 들어도 물고문을 당하다 박종철이 사망하였음을 알 수 있는 증언이었습니다. 또한 부검을 했던 당시 국립과학수사연구소의 황적준 부검의는 부검 감정서에 '흉부 압박에 의한 질식사'라고 기록했습니다. 사인을 바꿔 달라는 경찰의 회유에 시달렸지만 황적준 부검의는 이를 거부하였고, 진실이 밝혀질 수 있었습니다. 이후에도 영화에서 묘사된 바와 같이 경찰의 은폐 시도는 계속되었지만 당시 기자, 교도소 교도관, 천주교 신부님 등 많

남영동 대공분실 509호(복원)

은 의인들의 노력으로 진실은 세상에 알려질 수 있었습니다.

이 영화의 가상 인물인 '연희'는 연세대학교를 다니는 학생으로 나옵니다. 그리고 시위 현장에서 운명적으로 만난 잘생긴 남학생에 관심을 갖게 됩니다. 그리고 그 학생의 동아리에서 주최한 영화 비디오 상영회에 참석하게 됩니다. 상영된 비디오는 5·18 민주화 운동 당시에 공수부대가 시민과 학생들을 잔인하게 진압하는 영상과 공수부대의 총에 맞아 사망한 시신들을 촬영한 영상이었습니다. 5·18 당시 위르겐 힌츠펠터 기자 등 외신 기자들이 광주에서 촬영하여 전 세계에 보도한 영상들은 비디오로 제작되어 국내로 몰래 들여왔습니다. 이 비디오는 다시 복사되어 전국 대학교에서 상영되었죠. 이와 같이 5·18의 진실을 알게 된 많은 1980년대의 대학생들은 반독재 민주화 투쟁에 나서게 되었던 것입니다.

연희는 영상을 보고 눈물을 흘리며 상영회를 뛰쳐나옵니다. 뒤따라 나온 잘생긴 대학생은 '자신도 처음에는 너무 무서워서 끝까지 못 봤다'라며 연희를 위로합니다. 그러나 연희는 총 든 군인들과 어떻게 싸울 거냐고 하면서 그 자리를 뜹니다. 이 영화의 연희와 대화를 나누는 잘생긴 남학생이 바로 이한열입니다. 이 영화에서는 이한열과 연희의 다음과 같은 대화를 통해 민주주의에 관한 이야기를 들려줍니다.

연희 : 시위한다고 세상이 바뀌어요? 그날 같은 거 오지 않아요.

이한열 : 나도 그러고 싶은데, 그게 잘 안 돼. 마음이 너무 아파서. 마음 바뀌면 연락해.

연희는 일반적인 대중들의 생각을 대변합니다. 당시 국민들이 갖고 있던 패배감을 표현하는 대사입니다. 그리고 이한열의 입을 통해 당시 민주화를 위해 용기 낸 대학생들과 시민들이 왜 6월 항쟁에 참여했는가를 보여줍니다. '마음이 너무 아파서'였던 것입니다. 결국 연희는 신문에서 이한열이 머리에 피를 흘리며 친구에게 부축되어 가는 사진을 보고, 6월 항쟁의 한복판으로 달려갑니다. 그리고 광장을 가득 채운 대학생들과 시민들은 구호를 외칩니다. 광장에 모여 "호헌

이한열이 최루탄에 맞아 피를 흘리는 모습. 1987년 6월 9일.

철폐! 독재 타도!"를 외치는 사람들은 왜 그랬을까요? 박종철의 죽음에, 이한열의 죽음에 '마음이 너무 아파서'였다고 할 수 있습니다.

이한열의 민주국민장 장례식. 1987년 7월 9일.

2015년 tvn에서 방송된 드라마 〈응답하라 1988〉에서 여자 주인공의 언니 '성보라'는 1988년 당시 서울대학교 수학교육과 2학년 학생으로 나옵니다. 1987년은 드라마 〈응답하라 1988〉의 1년 전입니다. 그러니까 성보라는 87학번으로 1987년 신입생이었을 것입니다. 그런데 당시 서울대학교

언어학과 3학년 학생이었던 박종철이 1987년 1월 14일 서울 용산구 남영동 공안분실에서 물고문을 당하다 사망했습니다. 당시 전두환 정권은 "책상을 탁 치니 억하고 죽었다"라는 황당한 해명을 하여 국민들의 분노를 일으켰습니다. 그러나 부검에 의해 밝혀진 진실은 물고문에 의한 질식사였습니다.

〈역사 탐구 활동 계획서〉
주제 : 6월 항쟁의 전개 과정

○ 탐구 활동
  - 박종철 고문 치사 사건이 끼친 영향을 찾아본다.
  - 정부가 발표한 4·13 호헌 조치의 주요 내용을 분석한다.
  - 6·29 민주화 선언이 발표된 배경을 살펴본다.

당시 서울대학교 87학번 신입생 성보라는 가난한 집안 형편을 생각해 교사가 되기 위해 수학교육과에 진학한 학생이었을 것입니다. 아마도 열심히 공부만 해야겠다고 생각한 학생이었을 것이 분명합니다. 그러나 서울대학교 선배였던 박종철의 죽음에 분노하였고, 이른바 운동권이 되었던 것으로 보입니다. 그리고 학교에 입학한 지 석 달 만에 6월 항쟁이 시작되었습니다. 1987년 6월 9일 연세대학교 경영학과 2학년 학생이었던 이한열이 최루탄에 머리를 맞아 뇌사 상태에 빠졌습니다. 그리고 7월 5일 사망하였고, 7월 9일 열린 이한열의 민주국민장 장례식 때 성보라도 이 집회에 참여해 슬퍼했을 것입니다.

당시 6월 항쟁은 대학생들이 주도하여 일어났지만 이른바 넥타이 부대라고 하는 30대, 40대 직장인들이 점심시간, 퇴근 시간을 이용해 대학생들과 함께 "독재 타도! 호헌 철폐!"를 외쳤기 때문에 성공할 수 있었습니다. 성보라의 아버지 성동일은 한일은행에 다니는 은행원이었습니다. 성보라가 시위에 참여한 것 때문에 경찰서에 잡혀갔다가 훈방되어 나오길 기다릴 때 이웃 주민이 성동일에게 성보라를 "따끔하게 혼내라"고 하자 성동일은 "잘못한 것이 없는데 어떻게 혼내냐?"고 반문합니다. 또한 성동일은 퇴근길에 시위를 벌이던 한 대학생이 백골단(시위 학생 체포조 경찰)에게 쫓기며 도움을 청하자 아버지인 척하며 구해주고, 헤어질 때는 깨끗이 씻고 들어가라며 오천 원을 건네주었습니다.

아마도 1987년 6월 성동일은 퇴근길에 대학생들과 함께 시위한 넥타이 부대가 아니었을지도 모릅니다. 그러나 당시 대학생들에게 음료수와 김밥을 사서 건네던 많은 시민 중 하나였을 것은 분명합니다. 최루탄에 눈물 흘리고 백골단에 구타당하면서도 시위를 이어가는 대학생들의 모습에 '마음이 너무 아파서' 많은 시민들이 6월 항쟁에 참여했었기 때문입니다.

8.

'We can speak'와 기억 투쟁

    2017년 개봉한 영화 〈아이 캔 스피크〉의 주인공 '옥분'은 일제강점기 일본군 위안부로 끌려갔던 피해자입니다. 옥분이 영어를 배우려고 노력하는 이유는 전 세계에 자신이 당한 피해 사실을 알리기 위해서입니다. 그렇다면 왜 옥분은 굳이 영어로 증언하려고 했을까요? 그 이유는 일본이 잘못을 인정하지 않고 사과도 배상도 하지 않기 때문이죠. 그래서 옥분은 일본에 압박을 가할 수 있는 미국 의회의 청문회에서 영어로 일본의 잘못을 밝힐 수 있다면 더 효과적이라고 생각한 것입니다.

    이 영화는 2007년 2월 15일 개최된 미국 하원 의회의 위안부 청문회를 실화로 하여 만들어졌습니다. 위안부 피해자인 이용수 할머니, 고 김군자 할머니, 네덜란드인 얀 러프 오혜른 할머니가 위안부 피해 사실을 청문회에서 증언하였습니다. 실제로는 고령이었던 할머니들이 영어를 할 수 없었기 때문에 한국어로 증언하였고, 통역에 의해 영어로 전달되었습니다.

    영화 〈아이 캔 스피크〉는 만약 '피해 증언을 영어로 직접 했다면 어땠을까?'라는 가정으로 만들어진 영화입니다. 할머니들이 의회에서 증언한다는 것은 매우 큰 용기를 요구하는 일이었습니다. 그리고 일본의 방해 등 매우 어려운 과정을 거쳐 이루어진 쾌거였습니다. 이 영화에서는 이러한 과정에 대해 영어를 배우는 과정을 통해 할머니들의 의지를 보여준 것이죠. 그리고 이 영화의 영어 제목 'I can speak'는 '나는 (위안부 피해 사실을) 말할 수 있다'는 뜻을 담고 있습니다.

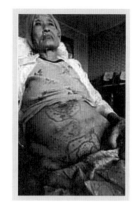

고 정옥순 할머니의 문신 피해 증언

이 영화의 주인공 옥분은 청문회에서 증언을 시작하기 직전 자신의 배를 공개합니다. 칼자국 같은 흉터와 일본어 낙서, 전범기 등이 그려진 문신이 공개되자 청문회장은 충격에 휩싸입니다.

이 역시 실화인데, 북한 위안부 피해자 고 정옥순 할머니는 위 사진과 같은 문신 피해를 일본군에게 당한 것에 대해 증언하였습니다. 사실 이 장면 하나만으로도 일본이 태평양전쟁 중 여성들에 대한 잔인한 범죄를 저질렀음을 알 수 있습니다. 그러나 일본의 잘못이 명백히 드러났음에도 반성하지 않고 있는 상황을 이 영화에서도 다시 묘사합니다. 청문회 증언이 끝난 옥분에게 미국 의회 의원들이 오히려 사과하고 위로합니다. 그러나 일본인 대표는 '옥분'에게 비난과 항의를 합니다. 이에 '옥분'은 일본어로 욕을 하며 일본인들에게 사과하라고 항의합니다. 그러나 지금까지 일본의 태도로 보아 일본은 앞으로도 사과하지 않을 것입니다. 결국 우리가 해야 할 일은 끝까지 일본의 잘못을 전 세계에 알려 나가고 사과를 요구하는 것입니다. 'I can speak'를 넘어서 'We can speak'가 되어야 하는 이유입니다.

다음 그림은 영화 〈귀향〉의 모티브가 된 그림입니다. 위안부 피해자인 강일출 할머니가 그린 그림으로 위안부들이 학살되어 구덩이 속에서 불에 태워지는 장면이죠. 이 영화의 주인공 '정민'은 14살의 어린 나이에 일본군들에 의해 위안부로 끌려갑니다. 어린 소녀를 가족들로부터 분리하여 강

위안부 피해자 강일출 할머니가 그린 〈태워지는 소녀들〉

제로 끌고 가는 장면이 묘사되었죠. 지금까지 위안부 피해를 당한 할머니들의 증언에 따르면 10대 초반의 소녀일 때 취업 등으로 속이거나 강제로 끌려간 경우가 많습니다. 이것만으로도 일본은 전쟁 중 아동 성범죄, 청소년 성범죄를 저지른 것입니다.

이 영화의 또 다른 주인공 '영희'는 일본이 패망하기 직전 위안부들을 학살하는 과정에서 극적으로 목숨을 건질 수 있었습니다. 일본군은 연합군에게 패배할 상황이 오면 한국인 위안부, 징용자 등을 학살하는 경우가 많았습니다. 일본인이 아니기 때문에 자신들을 배신할 것이라고 생각한 것이죠. 특히 위안부의 존재가 일본군의 전쟁 범죄를 드러내는 것이기 때문에 범죄 증거를 인멸한 것이기도 합니다.

'영희'의 실제 주인공인 강일출 할머니는 만주 목단강 근처의 위안소에서 일본군의 성노예 생활을 하다가 일제가 패망하기 직전 위안부들을 학살하는 과정에서 독립군들의 공격 덕분에 간신히 살아남았다고 합니다. 그래서 그때의 기억을 그림으로 표현한 것이 바로 〈태워지는 소녀들〉입니다. 이 영화에서도 묘사한 것처럼 일본군은 위안부들을 구덩이 앞에서 총살하여 죽이고 불에 태워 증거 인멸까지 자행하였죠. 일본군은 자신들의 전쟁 중 성범죄를 숨기기 위해 '홀로코스트'라는 학살 범죄까지 저지른 것입니다. 이것은 독일이 아우슈비츠 수용소 등에서 유대인을 학살한 것과 같은 전쟁 범죄입니다. 그러나 일본은 독일처럼 사과하지도 않았고, 오히려 피해자들을 모욕하고 있습니다. 영화 〈귀향〉은 한자로 '鬼鄕'으로 '영혼이 고향으로 돌아온다'라는 뜻입니다. 즉 고향으로 돌아온다는 '歸鄕'의 뜻도 포함하는 것이죠. 그렇다면 일본군에게 학살당한 위안부 피해자들의 영혼이 고향으로 돌아올 방법은 무엇일까요? 우리가 절대로 그들을 잊지 않는 것입니다. 우리의 가슴속에 영원히 기억하는 것만이 진정한 '귀향'을 이룰 수 있는 방법입니다. 일본은 자신들의 범죄 행위를 후손들에게 가르치지 않고 있습니다. 망각으로 범죄의 증거를 인멸하려는 것입니다. 지금까지도 사과를 거부하는 일본을 우리가 진정으로 이길 방법은 끝까지 기억하는 것입니다. 한국사 교과서에서 피해 사실을 더 자세하게 서술하고, 역사 교사들은 위안부 피해 할머니들의 증언을 학생들에게 전달하는 '기억 투쟁'이 필요할 것입니다.

:: 에필로그를 대신하여 ::

이십 대 중반에 일기장을 바꿀 때마다 맨 앞 페이지에 적었던 문장들이다. '현재가 과거를 도울 수 있는가? 산 자가 죽은 자를 구할 수 있는가?' (중략) 두 개의 질문을 이렇게 거꾸로 뒤집어야 한다는 것도 깨닫게 되었다. '과거가 현재를 도울 수 있는가? 죽은 자가 산 자를 구할 수 있는가?' 이후 이 소설을 쓰는 동안, 실제로 과거가 현재를 돕고 있다고, 죽은 자들이 산 자를 구하고 있다고 느낀 순간들이 있었다. (중략) 이 소설의 한국어 제목은 '소년이 온다'이다. '온다'는 '오다'라는 동사의 현재형이다. 너라고, 혹은 당신이라고 2인칭으로 불리는 순간 희끄무레한 어둠 속에서 깨어난 소년이 혼의 걸음걸이로 현재를 향해 다가온다. 점점 더 가까이 걸어와 현재가 된다. 인간의 잔혹성과 존엄함이 극한의 형태로 동시에 존재했던 시공간을 광주라고 부를 때, 광주는 더 이상 하나의 도시를 가리키는 고유명사가 아니라 보통명사가 된다는 것을 나는 이 책을 쓰는 동안 알게 되었다. 시간과 공간을 건너 계속해서 우리에게 되돌아오는 현재형이라는 것을. 바로 지금 이 순간에도.

- '2024년 노벨문학상 수상자 한강 작가의 강연(2024년 12월 7일 스웨덴 한림원) 중에서 -

한강 작가는 젊은 시절 '현재가 과거를 도울 수 있는가? 산 자가 죽은 자를 구할 수 있는가?'라는 질문을 했었다고 합니다. 이것은 역사적인 시각에서 올바른 입장이라고 볼 수 있습니다. 1980년대 대학생들과 야당의 반독재 민주화 투쟁은 1987년 6월 항쟁으로 이어졌고, 그 이후 '광주 사태'라는 명칭은 '5·18 광주 민주화 운동'이라는 명칭으로 바뀌었습니다. 광주 항쟁에서 '살아남은 자'들과 그 진실을 알게 된 '산 자'들이 광주에서 '죽은 자'들을 폭도에서 민주화 유공자로 구한 것입니다.

소설 『소년이 온다』의 집필 준비를 하면서 한강 작가는 자신의 질문을 '과거가 현재를 도울 수 있는가? 죽은 자가 산 자를 구할 수 있는가?'로 바꾸었다고 합니다. 또한 '실제로 과거가 현재를 돕고 있다고, 죽은 자들이 산 자를 구하고 있다고 느낀 순간들이 있었다'라고도 고백합니다. 이 또한 올바른 역사적 사고입니다. 광주 학살의 희생자들은 죽었지만 그 참상을 외신에 보도된 영상으로 알게 된 많은 대학생들이 전두환 군사 정권에 맞서 민주화 투쟁을 하게 만들었습니다. 1987년 박종철이 물고문으로 죽고 이한열이 최루탄에 맞아 뇌사 상태에 빠지자 분노한 대학생과 시민들이 6월 항쟁으로 승리하였습니다. 광주 학살 희생자, 박종철, 이한열 등 죽은 자들이 1987년 6월 항쟁에서 많은 시민을 살린 것입니다.

이 소설 '소년이 온다'의 제목은 역사적으로 보면 '역사가 온다'입니다. 역사는 '시간과 공간을 건너 계속해서 우리에게 되돌아오는 현재형'이며, 역사는 '바로 지금 이 순간에도' 현재형으로 산 자가 죽은 자를 살릴 수 있도록, 또한 죽은 자가 산 자를 살릴 수 있도록 하고 있음을 알 수 있습니다.

현재와 과거의 만남 그리고 위로

연극 〈빵야〉를 보고

연극 〈빵야〉는 한국 근현대부터 현대를 살아가는 우리들의 이야기이다.

현대의 나나 작가와 근현대의 장총이 서로가 겪은 비슷한 아픔과 시련을 알아보고 위로한다.

첫 장면부터 전쟁 같은 현재의 우리를 보여준다. 수상자에게만 관심이 집중되고 그렇지 않은 자는 무시하는 장면, 칼처럼 쏘아보는 시선과 총알과 같은 뒷담화 등 전쟁과도 같은 현대의 한국 사회의 현실을 보여준다. 그래도 우리는 희망을 믿으며 살아간다.

이제 나나 작가에게 장총 한 자루라는 희망이 나타난다. 장총의 이야기는 1945년 인천 조병창에서 시작된다. 강제 노역에 동원된 어린 학생들이 학대를 받으며 장총에 '죄'라는 꽃을 새긴다. 시작부터 고통스럽다. 장총을 거쳐 간 인물들은 다들 어리고, 세상을 행복하게 살아가려는 꿈을 가지고 있었다.

하지만 전쟁이 그들의 꿈과 가족을 앗아갔다. 반면 친일파는 꿈을 이루고, 그의 가족은 성공하는 부도덕한 현실이 나타난다. 장총 '빵야'의 첫 주인은 독립군 토벌에 나선 일본 관동군의 조선인 출신 장교 기무라였다. 한마디로 친일파다.

기무라 : "나는 강한 남자가 될 거야!"

나나 : "저런 찌질이들이 많아지면 세상이 암담해져."

기무라는 '빵야'로 수많은 한국인을 죽인다. 일본 패망 후에는 광복군으로 태세 전환한 기무라. 끝까지 죽지 않고 살아남은 기무라는 그의 후손들까지 호의호식을 누린다. 친일파 후손들이 잘 살아가는 잔혹한 현실을 보여준다. 장총 한 자루의 이야기에서도 정말 많이도 죽었다.

쇠붙이란 쇠붙이는 다 끌려가, 너도나도 총이 된 그 시대 총들의 이야기를 다 상상하기 힘들다.

빵야 : "좋은 세상 오는 게 그만큼 힘든 거야."

과거의 아픔이 현재와 미래에선 치유가 되었으면 좋겠다. 잘못된 역사는 되풀이되어서는 안 되고, 좋은 역사는 배우고 실천해야 한다. 하지만 지금 한국의 현실은 여러 사회 문제들이 많고도 많다. 보이지 않은 곳에서의 아픔도 많다. 우리는 이런 사회 문제에 많은 관심을 가져야 하고 좋은 사회를 위해 다 같이 용기를 냈으면 좋겠다. 현재의 우리가 과거의 빛인 별빛을 보고 서로를 느낄 수 있는 것처럼 역사를 살아간 과거의 그들과 지금을 살아가는 우리는 서로를 바라보고 있다. 서로를 바라보는 그 눈빛에 은하수가 빛나기를 바란다.

■ 책을 닫는 이 글은 저자의 딸 김유진이 연극 <빵야>를 보고 쓴 감상문입니다. 학생들의 역사의식이 담긴 글이며 함께 생각해 볼 문제의식이 나타나기에 원문 그대로 수록했습니다.

삶의 행복을 꿈꾸는 교육은
어디에서 오는가?

● **교육혁명을 앞당기는 배움책 이야기** 혁신교육의 철학과 잉걸진 미래를 만나다!

미래 100년을 향한 새로운 교육

혁신교육을 실천하는 교사들의 필독서

● 비고츠키 선집 시리즈 발달과 협력의 교육학 어떻게 읽을 것인가?

대전환 시대 변혁의 교육학	진보교육연구소 교육과정연구모임 지음 l 400쪽 l 값 23,000원
교육의 미래와 학교혁신	마크 터커 지음 l 전국교원양성대학교 총장협의회 옮김 l 336쪽 l 값 18,000원
남도 임진의병의 기억을 걷다	김남철 지음 l 288쪽 l 값 18,000원
프레이리에게 변혁의 길을 묻다	심성보 지음 l 672쪽 l 값 33,000원
다시, 혁신학교!	성기신 외 지음 l 300쪽 l 값 18,000원
백워드로 설계하고 피드백으로 완성하는 성장중심평가	이형빈·김성수 지음 l 356쪽 l 값 19,000원
우리 교육, 거장에게 묻다	표혜빈 외 지음 l 272쪽 l 값 17,000원
교사에게 강요된 침묵	설진성 지음 l 296쪽 l 값 18,000원
왜 체 게바라인가	송필경 지음 l 320쪽 l 값 19,000원
풀무의 삶과 배움	김현자 지음 l 352쪽 l 값 20,000원
비고츠키 아동학과 글쓰기 교육	한희정 지음 l 300쪽 l 값 18,000원
교사에게 강요된 침묵	설진성 지음 l 296쪽 l 값 18,000원
마을, 그 깊은 이야기 샘	문재현 외 지음 l 404쪽 l 값 23,000원
비난받는 교사	다이애나 폴레비치 지음 l 유성상 외 옮김 l 404쪽 l 값 23,000원
한국교육운동의 역사와 전망	하성환 지음 l 308쪽 l 값 18,000원
철학이 있는 교실살이	이성우 지음 l 272쪽 l 값 17,000원
왜 지속가능한 디지털 공동체인가	현광일 지음 l 280쪽 l 값 17,000원
선생님, 우리 영화로 세계시민 만나요!	변지윤 외 지음 l 328쪽 l 값 19,000원
아이를 함께 키울 온 마을은 어떻게 만들어야 할까?	차상진 지음 l 288쪽 l 값 17,000원
선생님, 제주 4·3이 뭐예요?	한강범 지음 l 308쪽 l 값 18,000원
마을배움길 학교 이야기	김명신, 김미자, 서영자, 윤재화, 이명순 지음 l 300쪽 l 값 18,000원
다시, 남도의 기억을 걷다	노성태 지음 l 332쪽 l 값 19,000원
세계의 혁신 대학을 찾아서	안문석 지음 l 284쪽 l 값 17,000원
소박한 자율의 사상가, 이반 일리치	박홍규 지음 l 328쪽 l 값 19,000원
선생님, 평가 어떻게 하세요?	성열관 외 지음 l 220쪽 l 값 15,000원
남도 한말의병의 기억을 걷다	김남철 지음 l 316쪽 l 값 19,000원
생태전환교육, 학교에서 어떻게 할까?	심지영 지음 l 236쪽 l 값 15,000원
어떻게 어린이를 사랑해야 하는가	야누쉬 코르착 지음 l 송순재, 안미현 옮김 l 396쪽 l 값 23,000원
북유럽의 교사와 교직	예스터 에크하트 라르센 외 엮음 l 유성상·김민조 옮김 l 412쪽 l 값 24,000원
산마을을 너머 지금 뭐해?	최보길 외 지음 l 260쪽 l 값 17,000원
전문적 학습네트워크	크리스 브라운·신디 푸트먼 엮음 l 성기선·문은경 옮김 l 424쪽 l 값 24,000원

참된 삶과 교육에 관한
생각 줍기